JN206070

「おもてなし」を考える

―余暇学と観光学による多面的検討―

余暇ツーリズム学会 編

創文企画

発刊にあたり

　今般、余暇ツーリズム学会として、本書を世に問うことは、学会を代表する者として大変喜ばしいことである。

　前書きにもあるように、日本余暇学会とツーリズム学会とは、2012 年 6 月に統合した。当初はそれぞれの学会に所属していた会員は、統合以来、6 回開催してきた全国大会および随時開催の研究分野部会・支部大会での議論を通じて、あるいは、本年には第 6 号を発行する学会誌での研究成果を見て、余暇の研究とツーリズムの研究とが不可分であることに気づきはじめている。また、統合前に各自が所属していた学会において中心的であった研究分野・研究スタイル以外にも、重要な研究のテーマやアプローチがあることを認識しはじめている。これは、現在学会の運営に携わる者の実感である。

　本書は、こうした雰囲気が漲っている余暇ツーリズム学会の会員にとっては、「おもてなし」について多角的かつ総合的な観点から、議論した研究活動の一里塚となる意義がある。

　もちろん、そればかりでない。本書は、余暇およびツーリズムに関連する業務に携わる社会人あるいは将来それらの業務への就職を希望する学生にとっては、「おもてなし」を考えるときのガイドブックになりうる。また、余暇およびツーリズム関連の研究に従事する研究者にとっても、示唆のある内容を提供していると確信する。

　ここに、本書を広く推薦するとともに、読者諸氏にとっては、余暇ツーリズム学会会員と同じ目線で、しかし多角的に「おもてなし」を考えていただく機会となることを願ってやまない。

2019 年 4 月
余暇ツーリズム学会会長　　長谷川惠一

余暇ツーリズム学会について
The Association for Leisure and Tourism Studies

概 要

　労働と余暇が明確に仕分けされた近代以降「余暇問題」として認識された余暇は、大衆消費社会におけるレジャー産業の出現、情報化、高齢社会化の進展など、社会の変化の中でその性格の著しい変化を経験した結果、現在は労働とばかりでなく、地域・社会活動、健康・スポーツ、文化、社会階級、ジェンダーといったテーマと深く関連し、総合的な研究が欠かせないものとなっている。

　他方、旅や観光もまた近代社会の中で産業化され、さらにそれらが世界規模に拡大する中にあって、ツーリズムは観光者心理、観光地の振興と変容、伝統文化、景観、地球環境など社会の様々な要素に関わる現象となっているほか、観光関連企業・産業の経営にも新たな課題をもたらしている。

　余暇ツーリズム学会は、多くの面で共通性をもつ余暇学と観光学を結合し、相互の対話を進め、研究と実践の高次の融合を図り、以って余暇と観光に関する人間生活の福利向上に資することを目的として多彩な研究活動を進めている。

沿 革

　余暇ツーリズム学会は、日本余暇学会（1973 年創立）とツーリズム学会（2001 年創立）が統合し、2012 年 6 月に発足したものである。

本書の出版について

　本書は、余暇ツーリズム学会発足 5 周年を記念し、以下の委員からなる余暇ツーリズム学会設立 5 周年記念出版委員会が企画・編集したものです。宮田安彦（委員長）、薗田碩哉、飯嶋好彦、長谷川惠一、辰巳厚子、吉岡勉。

まえがき

　近年のわが国は「観光立国」という掛け声にふさわしく、東京や京都はもとより、地方に行っても外国人観光客の姿を見ることは珍しくない。中には日本人にも不案内な隠された観光スポットを訪ね歩くマニアックな外国人もいて驚かされることもある。毎年2千万人を超える外国人観光客の来訪は、この国の経済を支える重要な位置を占めるに至っている。

　ところが観光の土台となるはずの余暇に注目すると、わが国が名だたる「余暇貧国」であることは紛れもない事実である。長い労働時間と乏しい休日、欧米諸国に比べてあまりにも貧弱な長期休暇、仕事に押しつぶされて自死する人が後を絶たない karoshi ニッポンの現実は諸外国にも広く知られるようになってきた。

　観光立国と余暇貧国の間にある大きなギャップをどう捉えたらいいのか。訪日外国人（インバウンド）は大きく伸びているのに海外旅行（アウトバウンド）は頭打ちであることの背景には日本人の余暇の乏しさがあるのは言うまでもない。外国人の観光＝余暇を大きく受け入れても、自らの余暇＝観光は低水準のままだとすると、観光は単なる外貨稼ぎの経済レベルに止まって、外国人と日本人の文化的な交流や相互理解の進展に繋がりにくい。彼方の余暇の拡大を此方の余暇の充実で応えてこそ、地球的な規模のツーリズムの発展が期待できるからである。そうでないと、日本という国のガラパゴス化がますます進んでしまうのではないかという危惧を持たざるを得ない。

　余暇ツーリズム学会の存在理由は、この「観光立国」と「余暇貧国」の溝を埋め、観光問題と余暇問題を相互に絡め合いながら、理論的にも実践的にも新たな理念と方策を切り開いていくところにある。2012年6月に「ツーリズム学会」と「日本余暇学会」が統合されて6年余、ツーリズム研究者と余暇研究者はそれぞれの実績と発想を交差させながら精力的に多彩な研究会を積み上げ、5回の全国研究大会を開催し、5冊の研究誌を刊行してきた。そしてここに、学会の総力を投入した記念出版として『「おもてなし」を考える―余暇学と観光学による多面的検討―』を上梓する運びになった。ツーリズムと余暇の対話と協働の成果が1冊にまとまったことを喜びたい。

　記念出版のテーマには「おもてなし」が選ばれた。このキーワードこそ、ツ

ーリズムの視点と余暇の視点とが交差する、格好の舞台を設定する用語である
と考えたからである。2020 東京オリンピックを控えて「おもてなし」は外客
誘致のキャッチフレーズとしてもてはやされているが、その内容を充実させる
ためには、日本の生活文化、就中、余暇文化の存在を無視することはできない。
日本文化の特色と言える日本的おもてなしを培ったのは、日本社会の形成原理
となった「座」の思想であり、それを具現化する作法やしつらえ、さらには料
理や遊芸などの余暇を基盤とする諸活動であった。はるか古代に淵源を持ち、
中世に大きく発展し、江戸時代に洗練の度を加えた日本の「おもてなし」文化は、
明治以後の近代化過程においても日本文化の基層として生き残ってきた。今、
それに再び脚光が浴びせられようとしている。「おもてなし」の根本を理解し、
それを具体的な事業や経済活動に繋げるためには、文化と社会と経済を横断す
る複眼的な検討が必要であり、そのために余暇研究とツーリズム研究の 2 つの
流れを融合し、止揚することが求められるのである。

　本書では「おもてなし」を 15 に及ぶ異なる視点から検討している。哲学的
な視点、さらに社会論、歴史論、心理論、教育論等からのアプローチ、他方で
は「おもてなし」を支える経済論、経営論、マーケティング論等の見方、また
おもてなし空間や自然環境からの分析も含まれている。いずれも、これまでの
余暇とツーリズムに関わる研究の積み上げを土台に、「おもてなし」に新たな
光を当てようとしたものである。こうした多角的であり総合的な研究活動がこ
の学会の真骨頂であり、本書を出発点として、余暇とツーリズムに関わるさま
ざまなテーマが意欲的に追求されていくことを期待したい。

　本書をツーリズム学会の創設者の一人であり、日本余暇学会との統合におい
て主導的な役割を果たされた故・今防人氏に捧げたい。氏は学会統合を実現さ
せたわずか 1 年後に、突然にも他界されてしまった。何とも残念至極のことで
ある。氏は新学会の課題の一つとして余暇学とツーリズム学の総合を図る一書
をまとめるべきことを提案され、その作業を始めようという矢先に惜しくも逝
かれてしまった。残されたわれわれはその後、5 年の歳月をかけて、何とかそ
の構想の実現にこぎつけることができた。地下の今氏も「ずいぶん遅かったな」
と彼特有の皮肉な笑みを浮かべながらも、本書の出版を喜んでくださるものと
信じている。

余暇ツーリズム学会名誉会員　薗田碩哉

「おもてなし」を考える
―余暇学と観光学による多面的検討―

目　次

▶第1章

おもてなし概論

徳江順一郎

　本章では、そもそも「おもてなし」を議論する前提として、「おもてなし」を取り巻く状況と、研究の流れを概観する。そのうえで、次章以降に多面的にアプローチするための枠組みを、読者それぞれが組み上げられるような材料を提示した。そのため、多くの先行研究が掲げられている。

　興味深いのは、2013年以前とその後では、「おもてなし」に関するアプローチが大きく異なっている点である。もともと「おもてなし」には、茶道を中心に体系化されて発展した、他人との「間柄」を良好に保つためのツールという面があった。しかし、最近ではホスピタリティと混同したとらえられ方をしているケースも多い。そして、それにともない、負の側面も生じるようになってしまっているのが現状といえよう。

第1節 「おもてなし」の現実

　ここ数年でもっとも「おもてなし」の言葉がクローズアップされたのは、2013年9月、アルゼンチンのブエノスアイレスで開かれた国際オリンピック委員会でのスピーチだろう。実際、滝川クリステル氏による「お・も・て・な・し」のフレーズは、『2013ユーキャン新語・流行語大賞』（現代用語の基礎知識選）において、林修氏の「今でしょ！」などとともに年間大賞に選ばれている。

　この反響は大きかった。2013年9月1日から2018年8月31日までの5年間、日本経済新聞社が提供する「日経テレコン」で、「おもてなし」が出現する『日本経済新聞』本紙の朝刊記事を検索したところ、396件がヒットした。その前、2008年9月1日から2013年8月31日までの5年間では80件しかヒットしな

かったことと比して、このスピーチの影響の大きさが理解できよう。

　花田（2015）は、旅館での「心遣い」、子供たちからの手作りプレゼントなどに「おもてなし」を感じてきたことから、「おもてなし＝無償の愛」であり、「何をしてあげたらよいか？と考えること」から「おもてなし」がスタートするとしている。また、その背後には、親子にあるような「無償の愛」や、「相手に抱く感謝の念からの行為」が基本になるという（pp.4-5）。

　このような「美しい響き」をともなうことが多いためか、この前後から「おもてなしブーム」が生じ、さまざまな動きが生じることになる。

　例えば、経済界では次のような動きがある。青山社中㈱、ENGAWA ㈱、㈱サニーサイドアップ、㈱博報堂、㈱プラスディー、㈱フランチャイズアドバンテージが実行委員会となって、「OMOTENASHI NIPPON」という団体を組織している。これは、以下のスローガンで活動をしている。

　　　日本のおもてなしを世界の OMOTENASHI ブランドへ
　　　この言葉を合言葉に日本が世界に誇る"おもてなし"を実践する人や企業、その心から生まれる商品・サービスを発掘、継続的に国内外に発信していくプロジェクトです。
　　　「OMOTENASHI NIPPON」を通じ、日本国内外の方に、日本のおもてなしを入り口に、日本の商品・サービスの素晴らしさを広く知ってもらうことを活動の目的としています。

　そして、「OMOTENASHI Selection」というプログラムを進めている。

　　　（おもてなしセレクション）は、受け手のことを思いやる心から生まれたこだわりの技、伝統を継承しながらも現代に向けて改良を重ねる創意工夫の活動など、日本の魅力である"おもてなし"心あふれる商品・サービスを発掘・認定し、国内外に発信するプログラムです

　　　（以上、いずれも同団体HP：https://omotenashinippon.jp/ より）

　また、政府でも、各省庁でさまざまな試みがなされている。経済産業省では、2013 年から 2015 年にかけて「おもてなし経営企業選」を実施した。顧客のニーズに合致したサービスを継続的に提供し、顧客のみならず社員、地域・社会から愛される経営を実現している企業を選出している。

　これが発展的に移行したといえるのが（一社）サービスデザイン推進協議会による「おもてなし規格認証」である。この認証は、サービス品質を「見える化」し、サービス事業者の支援を通じて地域経済の活性化をはかるべく、

（1）質の高いサービス提供を行っている事業者の見える化支援

（2）質の高いサービスを提供したいと考える事業者への手引きの提供

（3）消費者の高品質なサービス享受の機会強化

を目指し、「おもてなし規格」を認証していこうというものである。

　事業者はまず「紅認証」に登録する。これは自己適合宣言と位置づけられ、上位認証の前提となるものである。そのうえで、認証機関による第三者認証として「金認証☆」と「紺認証☆☆」、最上位には「紫認証☆☆☆」がある。

　これに関連して、日本政策金融公庫は、国民生活事業の融資制度として「企業活力強化貸付」の枠内に「観光産業等生産性向上資金」を創設した。その内容は、小売業、飲食サービス業およびサービス業のいずれかの事業者で「おもてなし規格認証」（紫、紺または金）を取得した場合、7,200万円を限度とした融資が実行されるというものである。

　こうした各界の動きを眺めていると、「おもてなし」の「素晴らしさ」がますます強調されるようになってきていると感じられる。しかし一方で、批判的な視点で過熱気味の状況に警鐘をならす論調も見られる。

　大石哲之氏は、J-CASTニュースの『会社ウォッチ』で「日本の『おもてなし』賛美の勘違い　『ガラパゴス』だし自由度がない」（2014年12月4日号）において、「はっきりいって日本のおもてなしのサービスは、とんでもないガラパゴスだとおもう」と断じている。それは、旅館のサービス提供に代表されるように「日本のおもてなしは、自由度がない」からであるという。確かに、旅館の食事は事前に時間も内容も決められてしまい、好きなときに好きなものを食べるということは難しい。この点を日本人は当たり前のこととしてとらえているが、一方で海外からの来訪者は戸惑うことも多いようである。

　また、大塚智彦氏は、『nippon.com』のコラム「訪日旅行者を迎える『おもてなし』の実情：表と裏の顔」（2017年1月19日号）において、相手を思いやる心こそが「おもてなし」の基本であるはず、としたうえで、外国人観光客をあからさまに排除しようとする店が多く存在する状況などを通じて、価値観や宗教の相違にさえ思いを馳せることのできない日本の状況を嘆いている。

　さらに、森本伊知氏は、ハウスコム㈱が運営する『Living Entertainment!』において、「うぬぼれない方がいいと思いますよ。おもてなしは日本独自のものではないのですから。」（2017年5月6日号）と題した論考を寄せている。ここでは「お茶が入ったわよ」、「お風呂が沸いたわよ」といった日本語の用法に

触れ、自身の行為にもかかわらず、このような言い回しをすることで相手に負担をかけない配慮をしてきた日本人が持っていた「誇り」が、「おもてなし」を強調すればするほど失われていると警鐘を鳴らしている。

いずれにせよ、2013年頃を境として、「おもてなし」は一種のブームとなっているのは確かである。ただし、政府、経済界をも巻き込みつつ、一方で批判的な視点も交えて広がっているのも事実である。そこで、こうした状況を冷静に眺めることが期待される学問的視点からの検討を次節で行う。

第2節　先行研究における「おもてなし」

(1) 2014年以降の研究

興味深いことに、第1節の議論と歩調を合わせるように、2014年以降、「おもてなし」をテーマとした学術的な研究も多く見られるようになってきた。本節では、その一端を取り上げて検討したい。

茂木（2014）は、脳の研究の成果として、「そのときどきに感じる幸福」と「振り返ったときの満足感による幸福」の2種類の幸福があるとし、後者のほうが重要であると主張する（pp.19-20）。そして、個別的対応がなされたり、サプライズがあったりした場合に後者が生じるとし、こうしたことが「おもてなし」のポイントになっているという。

また、一条（2015）によれば、「おもてなし」とは二つの意味があるという。一つは「モノを持って成し遂げる：お客様を待遇すること」であり、もう一つは「表裏なし：表裏のないココロでお客様をお迎えすること」であるという（p.22）。このことに関連して、あまりに「サプライズ」の多いとあるレストランの事例を出して、「感動」や「サプライズ」に重きを置くことは、「おもてなし」ではないと断言している。そして、「察する」ことは「おもてなし」の原点ではあるが、そのレストランでは察した（つもりの）結果を押しつけるようにしてしまっていたため、批判の対象にしてしまったとつけ加えている（pp.29-32）。

さらに、こうしたサービス提供プロセスに対して「なんちゃってホスピタリティ」と名づけてもいる（pp.33-34）。なお、その前提として、サービスに上下関係が存在し、金銭が発生する関係と定義づけ、ホスピタリティを平等な関係における、見返りを要求しないことであるとしている（pp.13-15）。

加えて、神道におけるまつり（本文中では「神祭」と表記）が「おもてなし」

の原型であるとし、仏教の慈悲やキリスト教の愛、儒教の仁などを包含する最大公約数として「思いやり」があり、それが形になったものが「おもてなし」であるともいう（pp.40-46）。そして、欧米と日本での席次の相違から、「おもてなし」とホスピタリティの相違にもつなげている（pp.49-51）。

　一条（2015）の理論展開のうち、サービスとホスピタリティとの対比と、最後の席次を通じた「おもてなし」とホスピタリティの相違に関する理論展開には疑問が残る。そもそも、サービスにおいて上下関係の前提を置くこと自体がナンセンスである。それが強調されるのは語源の部分が中心であり、機械によるサービスには、上下関係を意識しないことから自明であろう。また、日本では上座にゲスト、下座にホストが座り、欧米ではホストが中心の席に座ることから席次が相違点の根拠になっていると推測されるが、それでは、逆に「おもてなし」こそが上下関係を重視した席次になってしまう。

　なお、一条氏は講演などでも、茶道においては「最高のおいしいお茶を提供し、最高の礼儀をつくして相手を尊重し、心から最高の敬意を表すること」がお茶で「もてなす」ということで、そこから、「ジャパニーズ・ホスピタリティ」とでも呼ぶべき密度の濃い「おもてなし」の文化が生じたと主張している。

　茶道と「おもてなし」の関係については、この他にもたびたび登場している。

　例えば、稲田（2015）は、長尾・梅室（2012）を参考にしつつ「おもてなし」概念を規定している（pp.53-54）。まず、「日本の伝統的なおもてなしの代表として、まず茶道によるおもてなしがある」（p.54）とする。そして、そこには「安全の保証」と「主客対等」という特徴が存在する。茶を点てる一部始終を全員が見ている前ですることと、点てた茶をまわし飲みすることがその証拠であるという。

　そして、相手の心地を良くする（歓待する）といった提供側の心情のような精神性や、主客対等といった点に、ホスピタリティとの共通項を見出している（p.54）。そして、相違点としては、ホスピタリティに見られない「信頼関係」、「一期一会」、「役割交換」、「もてなされる側の感受性・教養」、「空気を読む」といった要素を挙げ、こうした日本の伝統に基づく要因はホスピタリティには見られないとする。

　そのもとになった長尾・梅室（2012）は、茶道における相互信頼と一期一会、旅館におけるくつろぎと独自性、花街における信頼関係と空気を読む能力のそれぞれが「おもてなし」を形成するとしている（p.128）。

また、白土・岸田（2016）では、欧米諸国で発展したホスピタリティ概念と日本の「おもてなし」の精神とがあいまって、日本ならではのホスピタリティ概念が形成されたと主張する。その根拠として、外資系ラグジュアリー・ホテルの多くが日本の伝統文化である茶道や華道を研究したり、優れた日本旅館の「おもてなし」の心を接客サービスに取り入れたりしていることを挙げている。そして、これを「日本のおもてなし＋外国のホスピタリティ＝日本のホスピタリティ」と表現づけしている（pp.IV-V）。

　そのうえで、「おもてなし」が「もてなし」に「お」をつけた美化語であるため、「もてなし」は接待や歓待のような義務感が強いもの、「おもてなし」は精神的な面が強いため、「おもてなしの心」が重要視される（原文では「重要し」となっている）とする（p.23）。

　そして、白土氏らは旅館の女将に共通する要素として、女将が茶事における亭主の役割を務めていることから、茶事との関連でも「おもてなし」を説明している。彼らは、茶事における一期一会の精神を主客ともに大切にすることが「おもてなしの心」の源流であり、亭主による掃除やしつらえといった茶事の準備や、招かれた客一人ひとりの好みに合わせてお茶の濃淡や温度を調節することが、茶道の「おもてなしの心」であるとする。なお、招かれた客は亭主の「おもてなしの心」を汲み取って（原文では「組みとり」となっている）、「感謝」の念を亭主に伝えることが「一期一会」の成立につながるという。さらに、茶道と小笠原礼法とがあいまって、日本文化における「おもてなしの心」の原点になっているとも主張する（pp.24-25）。

　彼らの主張は全般的に、個別的な対応の重要性と客に感謝してもらえるようなサービス提供、察する必要性といったことによって貫かれている。

　このように、おおむね「おもてなし」に対して茶道が大きな影響を及ぼしたという点では多くの論者が一致している。しかし、山上徹氏の指摘は他と一線を画している。

　山上（2015）は、日本にはもともと対等な「おもてなしの心」があったという説に疑問を投げかける。封建社会における身分制は絶対で、平安時代から戦国時代にかけて、上下関係が基本だったため、饗応・食事の席にも影響が及んでいた点などを根拠としている。確かに、平安時代の大饗（料理）では、膳の数や調味料の数まで異なっていた記録がある。そして、これに一石を投じたのが茶の湯であり、にじり口の存在に象徴される平等を前提とし、一期一会、和

敬清寂、賓主歴然・賓主互換などがキーワードであるという。以上から、日本の「おもてなし」の真髄は茶の湯の精神に基づくと結論づけている（pp.2-5）。

　また、語源については、名詞の「もて（持）」と動詞の「なし（成）」で構成されており、「お」という思いやりを含んだ敬称をつけていることから、「表裏なし」にもつながるとする（pp.7-8）。

　こうしたことを踏まえて、「おもてなし」とホスピタリティとが
- 自他共に人間は同じ存在であるという前提

から、
- ホストとゲストとの対等な関係
- 主客双方が同じ目線で「客の喜びは自分の喜び」という水平的・Win-Win の相互関係

が生じる点で類似しているとする（p.9）。一方、日本の「おもてなし」の特異性については、
- もてなす側の先回り・先読みの気づきが基本
- それにより、潜在的なニーズを顕在的な欲求へと転換することにより双方が感動する Win-Win の関係が構築

という点を挙げている。

　そして、時代が下り江戸時代になると、身分社会において武士に対する「商人しぐさ」があったのではないかと仮説を投げかけ、これが「江戸しぐさ」と呼ばれるものに変化したと推測している。そして、明治以降、この身分社会が廃止されて平等な社会が実現されたとも論じている（pp.14-15）。

　しかし、明治時代以降も華族制度が残っていたことや、爵位の叙爵基準において、経済人が公爵、侯爵にはほぼなれなかったこと、さらには男女差別の存在や普通選挙の導入が遅かったことなどに鑑みると、必ずしも明治以降に平等な社会になったとはいえないのではないだろうか。

　なお、「江戸しぐさ」について原田（2014）は、なんら江戸時代とは関係ない「創作」で、「その『発明』は一九八〇年代を遡らない」（p.38）と断じている。

　最後に興味深い著作を紹介したい。新井（2016）には、執事、すなわち特定の主体にかかわるプライベート・コンシェルジュに関する記述があるが、これこそ、個別対応のきわみであると考えられる。基本的には大富豪、すなわち保有資産 50 億円以上、年収 5 億円以上（p.11）を対象とした「執事」業務をしているが、興味深いのは、「雨が降っても執事の責任」（p.30）ということであ

る。ゴルフをする日に雨が降ったとしたら、天気のよい場所を選ばなかった執事の責任となる。それを避けることこそが執事の執事たるゆえんであるという。それを踏まえ、「お客さまが感動してしまうほどの最高水準のサーヴィス」を「至高のおもてなし」としている（いずれも p.38）。一方、「おもてなし」を「漠然とした心の持ちよう」ではなく「付加価値を生み、差別化を図るための戦略」であるとする（いずれも p.42）。ただし、それでいながら「サーヴィスパーソンにとって最大の報酬は、お客さまからの感謝」（p.46）であるとするなど、いわゆる「情緒性」が強く垣間見られる視点でもある。

(2) 2013 年以前の研究

　数少ない 2013 年以前の研究として、リクルートワークス編集部（2007）がある。ここでは、旅館、茶道、花街、きもの、しつらい、神と祭といったテーマを設定し、それを取り巻く要素との関係で「おもてなし」を論じている。

　まず、日本の「おもてなし」とは、「もてなし」、「しつらい」、「ふるまい」が三位一体となって実現されるという。このうち、「しつらい」は季節や趣向に合わせて部屋を整えること、「ふるまい」は身のこなしである（p.124）。そして、わが国では伝統的に、これを実現するためには「持ち合わせ」、「間に合わせ」、「取り合わせ」をする必要があり、それが最終的に「おもてなし」になった（p.125）。確かに、資源の乏しかったわが国では、ふんだんに食材を用意することは難しく、大陸のように「残すくらい食事を出す」ことが重要視されなかった。むしろ「ご馳走」という文字からして、もてなすために「馳」せ「走」ることであったのだから、相手のために努めるという方向性は他の論考とも共通しよう。

　なお、同書には、大久保あかね氏による「旅館に残された日本のもてなしの原型」（pp.28-29）という解説もあり、日本のもてなしは

　　①準備を整えて客を待つ（仕度の原則）

　　②くつろげる空間を演出する（しつらえの原則）

　　③ゲームのルールを共有する（仕掛の原則）

の 3 原則に基づいているとする。また、その前提として主人が取り仕切ることと、ご馳走を振舞うことの 2 つの条件を挙げている。そのために No と言わないとか、客の要望に従うといったこととは性格が異なると結論づけている。

　最終的には、「おもてなし」には「相互性」と「主客の容易な入れ替わり」が特徴として挙げられ、「もてなし、もてなされるという関係そのもの」が日

本の「おもてなし」の特徴であるとする（pp.134-135）。

　もう一つ、2013 年以前の研究として、舘野・松本（2013）は、「おもてなし」を「付加価値」としてとらえ、「おもてなしに対するプラス評価（顧客が受け止めた“付加価値”）を、サービス提供側と顧客双方で分かち合う時に感じ取る思いが、ホスピタリティー」（p.3）という前提を置いて論じている。しかし、この把握では「おもてなし」とホスピタリティとの関係が曖昧なものになりかねないという危惧が生じる。

（3）特徴的な研究

　こうした流れに一石を投じたのが榎本（2017）である。榎本博明氏は、欧米が「自己中心の文化」であるのに対して、日本は「間柄の文化」であるとする（p.15）。そのうえで、図書館で本を借りる際にもお客様扱いをするような過剰な「おもてなし精神」を批判する。日本人はもともとお互いに気遣いしあうことで、心地よい関係が保たれていた。しかし、「おもてなし」を誤解して過剰な対応をしはじめたことで、こうした関係が崩れてきている。榎本氏は根拠として、日本人の言葉遣いにおけるやわらかい表現に注目する。希望を述べる際に「かも」という接尾辞をつけることで可能性をにおわす形を用いたり、「すみません」という言葉に多義性が生じるのは、こうした「間柄の文化」の賜物であるという。また、和辻（1934, 2007）による「人間」、すなわち「人」の「間」という単語が「人」そのものを指していることも、その証左であるとする。

　一方、本来の感情とは矛盾した態度を示すことが求められる「感情労働」と呼ばれる仕事が脚光を浴びるにつれて、特にこうした「おもてなし」による対応の難しさが指摘されるようになってきた。そのため、感情労働との関連で論じた研究もある。

　乾・松笠（2015）は、感情労働の観点からホテルチェーンの調査を通じて、欧米型やアジア型とは異なる日本型の特質を浮き彫りにした。チェーンでは従業員の感情統制が必要であるが、ホスピタリティ提供方法に関しては差異が認められるという。欧米型では、商取引としての顧客との対等な関係からフレンドリーなコミュニケーションを通じて高品質なサービス提供を付加価値として行うが、アジア型では徹底した従属的なサービスの提供を基盤とした丁寧さや謙虚さを目的とし、印象的なコミュニケーションがなされる。そして、日本型では「おもてなし」が基盤になっている。

金城（2014）は、（公財）日本生産性本部（2012）による調査を引用し、「おもてなし」を構成すると考えられる27項目について、日本、米国、中国、フランスを対象に、「各国と比較して日本の方が優れているサービス」についてのアンケート結果を紹介している。日本人が「日本の方が優れている」と評価した割合よりも外国人が「日本の方が優れている」と評価した割合の方が低かった項目は、対米国で17項目、対中国で24項目、対フランスで16項目であった。対3カ国の半数以上の項目において、外国人の評価の方が下回っていることから、日本人が優位と感じているほどには、外国人は日本の「おもてなし」が優れていると評価していないことが判明した。以上から、金城氏は、日本の「おもてなし」が「ガラパゴス化」していると主張し、警鐘を鳴らしている。

　同じように定量的な把握を試みたものが、前出の長尾・梅室（2012）である。ここでは、「おもてなし」概念を明らかにし、その要因を特定しようとしている。具体的には、「おもてなしに必須なもの」、「おもてなしに望ましいもの」、「おもてなしを特徴づけるもの」、「おもてなしの特性」、「おもてなしの結果」の5グループ合計55の要素に分け、さらに「おもてなし」を評価するための12因子を抽出することに成功している。

　両氏は「ホスピタリティが物質的、精神的な行為に重きを置いているのに対し、おもてなしは行為と並んで行為の背景にある精神性に重きを置く概念」（p.128）としているが、必ずしもホスピタリティが物質的、精神的な行為に重きを置いているとはいえないのではないだろうか。なぜなら、ここでの「ホスピタリティ」は、実はhospitality、すなわち、西洋を中心とする、かつ「ホスピタリティ産業」に関係するホスピタリティの考え方を、先行研究から抜き出したものであるから、この点は当然の帰結にも思われる。

（4）先行研究からの知見

　以上のように、「おもてなし」に関してはさまざまな議論がなされてきた。しかし、その正体を端的に示したものは存在しない。そこで、本書では、「少なくとも『おもてなし』は日本以外では見られない」ということ、また、「『おもてなし』は人と人との接点で生じる」という前提を踏まえて検討したい。

　また、多くの議論に共通するのは、個別的対応、リクエストに対してNoを言わない、感動につなげる、無償、茶道の影響、暗黙の了解などであり、特に茶道の影響としては信頼関係、一期一会、役割交換、もてなされる側の感受性・

教養、空気を読むといったことである。しかも、この多くは 2014 年以降の研究に特に多い。2013 年以前の研究では、茶道の影響や感情労働との関係などが軸となっていたが、ホスピタリティ概念の影響も受けて変質していった側面がありそうに思える。

　ここで一点、気になるのは、複数の研究が、茶道においては、客人の前でお茶を点てること、複数の人が同じ茶碗を回し飲むことで安全性を証明し、無毒であると証明していると主張することである。そして、それだけではなく、これが信頼関係につながるとする。また、京都の花街の例でも、メニューがないこと、売掛が基本であることなどを通じて信頼関係が生じているとする。

　しかし、社会心理学では、相手の選択や行為によって、自分に被害が及びかねないような社会的不確実性の高い状況でありながら、相手に安心できる状況が生じることが本当の意味での信頼であるとする（山岸（1998）に詳しい）。その意味では、茶道においては、当事者間の目の前であくまで安心を保証しているに過ぎず、京都の花街も、茶道ほどの保証はないが、ネットワーク構造における安心が担保されている点で、いずれも本来的な信頼ではない。

　昨今の日本における「おもてなし」をとりまく風潮も、まさに本来的な信頼ではなく、安心の保証をもとめる環境に置かれているのではないだろうか。それが、「顧客満足」概念と結びつき、感情労働における無理を強いるような方向性に展開していっているように感じられる。

　また、サービスよりホスピタリティが上位の概念とか、これからはサービスではなくホスピタリティの時代であるとかいった主張も、この状況に拍車をかけているのではないだろうか。そして、「おもてなし」とホスピタリティとを比較する機会が増えるとともに、情緒的なホスピタリティ観の悪影響も大いに受けている。特に、ホスピタリティとされる場面における行為面（例えば新幹線で忘れ物を届けたとか）ばかりが強調されると、余計にこのような方向性が目立つように感じられる。

　そもそも、サービスとホスピタリティはいずれが上位などというものではない。また、当然ながら「おもてなし」とホスピタリティも同じものではない。多くの論者も、「おもてなし」に含まれるが、ホスピタリティに含まれないものといった要素を挙げていることからも、これは明らかである。

　筆者は、サービスを、プロセスそのものを代行する行為や機能であるととらえており、その際に生じる関係に焦点を当てた場合にホスピタリティととらえ

図表 1-1 「おもてなし」とサービス、ホスピタリティの関係図

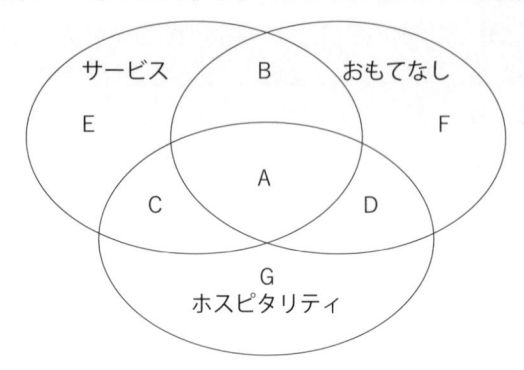

出所：筆者作成

　られると考えている。その背後には、社会心理学上の「信頼関係」がお互いに構築される「相互信頼関係」があるため、コアとなる欲求（例えば食事であれば「お腹が満たされる」など）に加えて付加的な欲求（例えばお店との「関係」など）も得られることになる（徳江（2018）で詳述）。

　要は、サービスもホスピタリティも「おもてなし」も異なる概念であるが、近い側面もあり、そのため図表 1-1 のようにオーバーラップしている要素とそうでない要素があって、その違いを認識しつつ議論できるかが問題となる。

　すなわち、図表 1-1 における A に該当するものはなんであるのか、B、C、D にはなにが含まれるのか、こうしたことを意識して初めて「おもてなし」の特性が明らかとなり、その後の議論の展開にもつながっていくことになる。ちなみに筆者は、A に存在する要素が「プロセス」、D には「関係性マネジメント」があると考えている。

第3節　日本人の特性からみる「おもてなし」

　ここまでの議論をまとめると、2013 年頃までは、わが国の歴史を踏まえた茶道や旅館のサービスなどから観察される「おもてなし」の把握が多かったが、2014 年以降は、「おもてなし」を構成する要素として、相互性や互酬性、対等な関係性、などとともに、「気づき」や「先読み／暗黙の了解」などが指摘されるようになってきている。そして、その中で安心を保証する関係であるにもかかわらず、信頼であるとしている研究もある。さらに、この信頼はホスピタ

リティには見られないとしているものもある。

　さらに、顧客満足が軸となることによって、とことん「満足」の追求がなされるようになった。一方で、ちょっとしたことで「不満足」が生じてしまうと、本来は「信頼」して任せたのにもかかわらず大きな問題とされてしまい、サービス提供側は感情のコントロールが求められることにもなってしまう。

　かつて、サービスであろうとホスピタリティであろうと、もちろん「おもてなし」も基本的には日本人同士でのやり取りであった。しかし、第2節の（3）で挙げたような、日本古来の「おもてなし」に批判的な論調が増えてきたのは、これまでの「おもてなし」観に無理が生じてきたからではないだろうか。特に、外来の概念であるサービスやホスピタリティと接する機会が増加したことで、「おもてなし」も大きく変質を余儀なくされたように思える。事実、いくつかの先行研究では、「おもてなし」と心配りや気遣いとの違いも曖昧である。つまり、無理にあれもこれも「おもてなし」にしようとしているようにも見受けられる。また、こうした心配りや気遣いにおいて、日本人が圧倒的といった言説も多いが、必ずしもそうでないことは繰り返し述べてきたとおりである。

　現在、急速にインバウンドが増加しているが、舘野・松本（2013）も、今後の課題として、海外からの来訪者が増える中、異なる文化に応じた「おもてなし」とホスピタリティが重要と論じている（pp.11-14）。これまでの「おもてなし」は、どの程度マナーや作法を身につけているかが問われる側面もあった。そして、これまで「おもてなし」を構成する要素として取り上げられてきた「空気を読む」といった能力、すなわち「教養」が問われる側面も大いにあった。

　以上の事実から「おもてなし」を検討するためには、

　　　日本人は、貧しかった頃から、他人との関係において、相手を慮って「馳」
　　　せ「走」るなど、独特な「間柄」（榎本（2017）より）の取り方をしてきた。
　　　こうした中で発達した「関係性マネジメント」が「おもてなし」である。
ということを出発点にする必要があるのではないだろうか。

　さらに、本当の意味での「信頼」が、日本人にはあまり必要でなかったということにも目を向ける必要があろう。

　例えば旅館は、一泊二食の場合、どんな食事が出てくるか事前には分かりにくい。昨今はインターネットを通じてある程度は把握できるようになってきてはいるが、自身が満足できるか確実なことは誰も分からない。その意味では相手を「信頼」しているはずであったが、少しでも不満が生じると、いわゆる「口

コミ」サイトに暴言を吐いたり、点数を低くつけて「鬱憤晴らし」をする人が増えている。かつては、鬱憤を晴らせる機会も多くなかったし、かつ、日本人独特の間合いの取り方を誰もがしていたため、問題が顕在化しにくかった。

　要は、日本人も変質してきているため、これまでの「おもてなし」だけでは対応が難しくなっているということである。多様な顧客に対して、マナーや作法だけでない「教養」の一言で片付けきれないやり取りが増加し、個別的対応の重要性が日増しに高まってきているといえる。

　2013 年がきっかけとなった「おもてなし」のブームは、その意味ではもう一度「おもてなし」の意味を問い直す最後の機会かもしれない。事実、本章で紹介したように、さまざまな議論もなされるようになった。本書は、こうした状況に対して多方面からアプローチしようという試みであり、次章以降、各分野をご専門とする先生方が多面的に検討していく。本章は、そのための枠組みと事前の基礎知識を提供させていただいた。

まとめ

　「おもてなし」の正体を見極めるには、サービス、ホスピタリティとの相違を意識すること、その中で、日本人同士のやり取りで用いられてきたのが「おもてなし」であったこと、それが国際化の進展により、日本人同士だけで済まなくなってきつつあること、同時にサービス概念やホスピタリティ概念の影響が無視できないと意識すること、そして、必ずしも「おもてなし」は賛美できないこと、などが前提となることが理解できたであろう。

　近年、増加傾向にある「おもてなし」賛美の論調は、われわれ日本人にとっては耳心地がいいものもある。しかし、冷静な視線で客観的に眺めることなくして、「おもてなし」の良さはむしろ理解できないのではないだろうか。

▶第 2 章

おもてなしの社会論

薗田碩哉

　東京オリンピックの誘致を機に「おもてなし」が流行語になったが、日本人の「もてなし上手」は単なる幻想にすぎない。人間社会にはもともと社会をつくる原動力の一つとして「もてなし」があり、それは日本に限ったことではない。前近代の贈与としてのもてなしは近代化とともに商品化が進んで手段化・断片化され、遊郭のような特殊な世界の文化を生み出した。今日の日本では地域の崩壊や中間団体の衰微が進む中で、人々の孤立が目立っている。ここで改めて「もてなし」の持つ絆（キズナ）を作る力に注目し、新たな「公共性」を紡ぎ出す営みとしての「おもてなし」実践を構想することが求められる。

第 1 節　日本人は本当にもてなし上手か

(1) 流行語としてのおもてなし

　「おもてなし」という用語が日本人と日本社会の特性を表わすものとして脚光を浴びている。ことの始まりは 2013 年 9 月の IOC 総会のおり、日本の代表団のプレゼンテーションの中で「おもてなし」が強調されたことにある。オリンピックを東京に招致するアンバサダーとして登壇したフリーアナウンサーの滝川クリステルは、フランス語のスピーチで日本人のもてなし上手を強調し「お・も・て・な・し」という日本語を紹介した。この会議で大方の予想に反して東京誘致が承認され、オリンピック人気が一挙に高まったことを背景に「おもてなし」の語はメディアにあふれ、その年の新語・流行語大賞に選ばれるまでになった。

　すでに政府は 2006 年 12 月に観光立国推進基本法を成立させ、外国人観光客

の誘致に力を入れようとしていた。家電製品や乗用車など、かつての輸出の花形製品が次第に競争力を後退させる中で、外国人観光客は、自前で日本までやって来て日本の財とサービスを購入し、輸送費顧客持ちの「輸出」に貢献してくれる、またとない上客である。21世紀の輸出産業は観光に如くはなしとばかり、政府はインバウンド（訪日外国人旅行者）の観光客を毎年2000万人以上にすることを目標値に掲げた。また「おもてなし」こそが観光戦略の目玉だとして、観光庁は2014年に「観光おもてなし研究会」を設置して地域の観光協会や関連企業の参加を促してきた。

　その甲斐あってかインバウンドの増加は著しい。2013年にやっと1000万人を超えたと思ったら翌年には1340万人、そして15年には前年比47％増という驚異的な伸びを見せ、1970万人と2000万人に迫る。翌16年にはついに大台を超えて2400万人となり、政府は急遽、訪日外国人目標を一気に倍増させ2020年には4000万人、2030年には6000万人という久々の「高度成長」路線を打ち出した。この背景としては訪日客への観光ビザ発給条件の緩和策や2012年からの円安基調が功を奏したと見られるが、日本的「おもてなし」が評価されたという見方もある。中でも伝統的な日本旅館の行き届いた客扱いが外人観光客を魅了しているというのである。「おもてなし」の存在価値は日本の社会にも跳ね返って見直しが進み、「おもてなし」を屋号にした料理店が現れ、日本旅館の再生をテーマにした映画「おもてなし」が話題を集め、さらには「おもてなし規格認証」などという事業まで現れた。この国は今や「おもてなし大国」への道を突き進んでいるかのようである。

(2)「もてなし」の普遍性

　だが、流行語としての「おもてなし」の基盤である「もてなし」に注目すれば、それは決して日本の固有の文化とは言えない。およそ人間社会の存するところ、客との応対としての「もてなし」は普遍的に見られる文化である。古代社会以来「もてなし」は社会が存続するために不可欠な営み一つであった。自らの属する家族や共同体を越えて他者と交わりを結ぶためには、共飲共食して互いに敵意のないことを示し合う必要があった。国家という広域かつ公的な制度が確立する以前には、共同体と外界から来る他者とを結びつけるための「もてなし」が社会を支える重要な行為だった。見知らぬ異人が現れれば、これを歓待して共同体に危害を及ぼさないように配慮し、できればその異人を共同体

に取り込むことが目指された。日本の民俗では稀に現れる「まれびと」は大切な客人＝まろうどであり、心を込めてもてなされた。

　謡曲の「鉢木（はちのき）」はその様相を分かりやすく描いている。下野国の貧しい武士である佐野某のあばら家に、ある夜旅の僧が宿を乞いに現れる。武士はこの客人を精一杯もてなそうとするが、寒い冬の夜だというのに囲炉裏にくべる薪がない。そこで武士は大切にしている松・梅・桜の三鉢の盆栽をたたき割って燃やし、旅の僧に一夜の暖を与えるという話である。実はこの僧は時の執権、北条時頼が身をやつした姿だった。後に時頼はこの武士を鎌倉に呼び出して彼のもてなしを賞賛し、恩賞を与えるという展開になるのだが、たとえ貧しくとも客人をできる限り遇することが人のあるべき姿と考えられていたのである。

　同様の発想は、さまざまな文化圏で観察される。カエサルの『ガリア戦記』にはガリア人が客人を引き留めてもてなすのが好きだという話がある。もっともこれは客人からさまざまな情報を聞き出すことに狙いがあったようだが、日本人が「まろうど」を神のように大切にしたという故事も、別の地域の貴重な話を聞けるということが重要な動機だったのかもしれない。中国では『礼記』に「礼は往来を尚（たっと）ぶ」という句があって、他人を訪ね、また尋ねられて往来を重ねることが礼儀の土台であるとしている。そこでは当然「もてなし」の交換があっただろう。

　自分の生活圏の外からやってくる「異人」は客ではあるが、まかり間違えば敵ともなる存在である。この点で興味深いのはヨーロッパの古語であるラテン語で、客（hospes）と敵（hostis）とは同根の語なのである。両語に共通する古い意味を調べると「見知らぬ人」に行き当たる。未知の人は客でもあり、敵にもなり得るということを如実に示している。因みに英語の host や hotel、hospital、hospitality などの一連の語は、いずれもこの hospes から派生したもので、主客の関わり→もてなし→もてなしの場やスタイルを意味するようになったものである。

　イスラムの聖典コーランには「道の子（旅人）にやさしくすること」という句が見え（コーラン 4 章 40）、旅人をもてなすことがアラーの命として示されている。実際、宿を求めてやってきた見ず知らずの者のために家畜一頭を屠るというような気前のいいもてなしが広く行われていた。もてなしの良さはその人物の徳を表すという宗教的な信念に支えられた行動だが、それが砂漠の民の

過酷な生活を互いに支え合う社会的な装置でもあったと言えるだろう。

(3) 日本人の「もてなし」力

　かつての日本には、他の国々に劣らないもてなし文化があったことは、われわれ自身の記録やこの国を訪れた外国人の証言によっても裏付けられる。16世紀に日本にやって来たキリスト教の宣教師たちは一様に日本人の礼儀正しさに言及し、客人を大切にもてなす習慣を紹介している。イエズス会が編んだ日本語—ポルトガル語の浩瀚な辞典である『日葡辞書』の「もてなし」を引いてみると「Motenaxi モテナシ　手厚い待遇、あるいは丁重な取り扱い」という叙述がある。

　それから250年ほど過ぎた幕末、ペリーの来航による開国を経て、多くの欧米人が日本にやってきたが、かれらもまた一般民衆が親切で丁寧であることを報告している。あるスイス人は横浜南部の港町で数家族が集まって料理屋で宴会を開いている席に入り込み、初めは驚かれたがすぐに打ち解けて歓待されたことを印象深く記している。同様のエピソードは渡辺京二の名著『逝きし世の面影』に数多く紹介されている。

　岩波古語辞典は、語の用例を詳しく分析・整理するだけでなく、その本質的な意味を抽出しているところに特色がある。同辞典によれば「もてなし」は「相手の状態をそのまま大切に保ちながら、それに対して意図的に働きかけて処遇する意」とされている。基本の意味は「物に手を加えず、あるままに生かして使うこと」であり、人に対しては「相手をいためないように大事に扱う」「相手にしていろいろ面倒を見る」ということになる。この原義は現代日本語にも通底していると言ってよいだろう。

　日本文化における「もてなし」の重視は住居にも反映している。かつての日本家屋には「客間」が必須のアイテムとして備えられていた。客間はその家の中でもっとも美しく豪華な部屋で、広々とした空間があり、床の間に軸がかかり、花が活けられて美的な装飾にも心配りが感じられた。客間に通された客は上座に招かれ、家の主人は客があたかもその家の主人であるかのようにして茶を入れ、菓子を出し、馳走を供したのである。日本的もてなしとは客を主人のように扱うということだった。

　客間が格式ばった公式のもてなしの場であったのに対して、日常の近隣の付き合いの中では「縁側」がもてなし空間の役割を果たしていた。縁側は家屋の

周縁部分として庭に対して開かれた空間であり、内でもあり外でもあるような両義的な場所である。客間に通すような重要な客ではなく、さりとて用件を伝えるだけの立ち話で済むような相手でもない時には、縁側に腰を下ろしてもらって渋茶や菓子や漬物などを出してもてなし、客との間で気楽に世間話を楽しんだものである。

　客間も縁側も現在の多くの日本人の住まいにはなじまない。客間よりもリビングルームが家の中心になり、マンション型の集合住宅に縁側はもはや作りようがない。こうした空間の消滅と並行して、日本的な「もてなし」も日本人の日常生活から大きく後退しているのが現実である。「もてなしの日本」はもはや「往きし世」の思い出話になりつつある。

第2節　もてなしの前近代と近代

(1) 互酬の表現としての「もてなし」

　ここで「もてなし」という人間的な営みを歴史的・社会的な文脈から再検討してみよう。人間の生活は遥かな古代から小さな共同体の内部で自足自給していたわけではなく、必要な物資をめぐって活発な交換が行われていた。例えば、生命維持に欠くことのできない塩は、沿岸部から内陸部へ運ばれ、また獲物を取る道具である弓矢の矢尻として重要だった黒曜石は、産地が限られていたので広く交易の対象となっていた。これらの物資はいわゆる物々交換によって手に入れられたが、その原理は相手が必要としているものを贈与し、それに対してこちらが必要なものを返礼として受け取るという「互酬 reciprocation」のシステムだった。

　人類学者のマルセル・モースによれば、未開社会においては、食物をはじめ、さまざまな財貨、女性、土地、労働、儀礼などが贈与され、また返礼される互酬性が社会を形成する原理となっていたという。「もてなし」という行動も、贈与と返礼という互酬の一形態とみることができる。ある集団が他の集団を招き、料理や飲み物や歌や踊りによって一時の享楽を提供すれば、招かれた集団は後日機会を設けて返礼をおこなう。こうして両集団の友好関係が強化されるという仕組みである。

　北米の北西海岸に住んでいた先住民族の、こうした儀礼の交換は「ポトラッチ」という名称で広く知られている。これは、子どもが生まれたり、子弟が結

婚したり、家族の葬式の折りなどに、客を迎えて供応する習慣である。海と山の珍味を振る舞い、歌や踊りを披露し、加えてさまざまな贈り物が用意された。特に富裕な家においてはカヌーを贈ったり奴隷の贈与まであったという。豪華なポトラッチを行うことがその家族の威信を高めることになったのは言うまでもない。そしてポトラッチを受けた方は、それに勝る返礼を行うことが社会的な義務として求められた。そのためポトラッチは回を重ねるごとに必然的により豪華なものになって行かざるを得なかった。

　北米の先住民社会が西欧社会と接触し、多くの物資が入ってくるようになると、ポトラッチのインフレーションが起こったという。生活に余裕がある家族は気前のいいところを見せようとするあまり、もらった贈り物をその場で破壊するというような行為も現れて、カナダ政府が一時これを禁止するという事態も生じた。しかし、ポトラッチは、富裕を獲得した者に共同体の他の成員に対する大盤振舞いの贈与を強いることによって共同体の結束を促し、富の再分配を進める仕組みとして重要な意味を持っていたのである。

(2) 商品化されたもてなし

　互酬性の社会は国家の成立によって変容を迫られる。国家は共同体と共同体を繋ぎ合わせ、より大きな組織体を作って生活の拡大と深化を計ろうとして生み出された。生活のために必要な交換は、贈与と返礼という互酬方式ではなく、貨幣を媒介にした商品交換に替わっていく。貨幣という存在は、個々の具体物を超えた抽象性を持っていて、どんな財物とも交換可能なところに最大の特徴がある。自分の生産物を貨幣に変える（つまりは売る）ことによって、ほしいものを何でも貨幣によって獲得する（買う）ことができる。こうして売り買いの場としての市場が発達し、国家は貨幣の価値を保証し、市場を維持するという役目を担うことになる。

　「もてなし」についてもこうした商品化が進むことになった。「もてなし」の贈与を受けられなくても、貨幣さえ持てば「もてなし」を買うことができるようになる。こうして食事や飲み物を代金と引き換えに提供する店が現れる。かつては「一夜の宿を乞う」というやり方で宿泊の贈与を求めるのが一般だった旅についても、宿賃さえ払えばだれでも泊まることのできる旅籠が出現する。また、遊興を伴う「もてなし」を貨幣と交換に提供する「遊郭」が作られて多くの人を集めるようになった。

　「旅籠」という語はもともと馬の飼料を入れる籠（かご）のことだったが、旅人の食糧を入れる器の意を経て宿屋が提供する食事の意味になり、さらに旅宿そのものを意味するようになった。その起源は平安時代以来次第に盛んになった神社仏閣詣での旅人を、各地の寺社が「宿坊」を設けて宿泊させたことにあった。中世までは宿の提供は寺社の「贈与」として行われたのだが、江戸期になって社会体制が安定し商品経済が発展していくとともに旅人が飛躍的に増えたので、宿賃を取って宿泊させる旅籠が都市を中心に増加するようになる。武士階級は参勤交代の制に従って大規模な集団旅行を行い、商人は商品を担って街道を往来し、庶民もまた江戸時代後期になれば伊勢詣でのような参拝を口実に長期の旅を楽しむようになって、旅籠は全国至る所に設けられ、旅籠の集まる宿場町が整備された。

　宿場町には男性客を接待する遊女が置かれるのが常であった。すでに万葉集に「遊行女婦（読みはアソビ）」と呼ばれる遊女の歌が収められているように、遊女はきわめて古い職業の 1 つである。遊女を集めた店（傾城屋）も誕生し 16 世紀には室町幕府に税を納めたという記録がある。

　近世になると江戸や京都や大阪のような大都市には、吉原や島原のような巨大な遊郭が設営される。しかし、そればかりでなく各地の城下町には規模は小さくても「色街」があるのが普通だった。また、各街道の旅籠にも「飯盛り女」と呼ばれた接客婦がいて男性の旅人の夜のお伽を勤めた。十返舎一九の『東海道中膝栗毛』には飯盛り女との交渉が面白おかしく描かれている。当時の日本人の旅行記を見ても各地の遊郭の盛況ぶりが分かるが、幕末に来日した外国人はその光景に接して驚きかつ呆れ、宣教師は口をそろえて「日本人の最大の悪徳」と非難している。

（3）接待文化の隆盛

　もてなしの商品化と拡散は日本独自の「接待文化」を生み出した。もともと「接待」という語は「慈善のため、往来の僧や山伏などを泊めること」あるいは「人々に湯茶を施すこと」であり、近世には特に寺参りの人に施すことを言った（岩波古語辞典）。四国で八十八カ所巡りの遍路に湯茶や菓子をサービスすることを「お接待」というのがこの用例である。

　接待の原義はこのような「贈与」の思想に基づき、その「返礼」としては、功徳を積んで極楽往生を願うという宗教的な期待感があるのみだった。しかし、

近世になると、より現実的な返礼を期待する「もてなし」が広く行われるようになる。戦国期のように社会的資源を実力（暴力）で奪い合うのではなく、泰平の世の安定した秩序の中で生活上の便宜の供与を受けるためには、「もてなし」によって相手の歓心を買い、物品や金銭を贈って相手を動かし、こちらの希望を容れてもらうやり方が便法である。言うところの賄賂の横行だが、贈り物をもらった側が私利私欲のために理不尽に法を枉げて対応すれば賄賂だが、そうでなければ事を円滑に進め、互いの関係を強化する方法として歓迎された。公的な手続きや民間の商取引に伴う接待は常態化し、一般人も「世話になった」人々に中元・歳暮の付け届けをするのが習俗になっていった。

　今日でも民間企業が業務の円滑な遂行のために行う接待は広範に行われている。その内容として、業務時間外に企業の費用（接待費）を使って飲食したり、ゴルフ場に招待したり、遊興施設で交流したりすることもあり、公には語られないまでも性的サービスの提供も行われてきた。遊興施設を規制する風俗営業法は、接待を「歓楽的雰囲気を醸し出す方法により客をもてなすこと」と定義している。警察庁の解釈基準によると、具体的には談笑、お酌、歌や踊りの相手がそれに当たるとする。もちろん性的サービスの提供は法律違反である。

　これまでは接待の相手先が監督官庁の国家公務員や地方公務員であることも少なくなかった。しかし、公務員への接待が、職務執行の公正さに対する国民の疑惑や不信を招くとされ、国家公務員倫理法の制定によって違法化されたのはやっと平成 11 年（1999 年）のことであった。少なくとも 20 世紀末までは、この国の接待市場は隆盛を極めていたと言えるだろう。

第 3 節　もてなしと日本の未来

(1) 絆なき社会と「もてなし」の消失

　現在のこの国のありようを「絆なき社会」とみることは、それほど間違ってはいないだろう。人間の結びつきの原点といえる家庭においても、かつての三世代家族は高度成長とともに分解して核家族化が進み、さらにはその中核さえもが崩壊して片親家庭が増えた。家庭の形は保っていても、実の親が子どもを虐待死に追い込む家庭さえ稀有の存在ではなくなってきた。隣近所の付き合いも影を潜め、家の縁側が見られなくなったことに同調するかのように地域の縁も希薄になりつつある。高齢者世帯が増加し、配偶者の死とともに単身世帯と

なり、一人暮らしの老人が人知れず亡くなる「孤独死」の問題が取りざたされるようになってきた。

　合わせて目立つのは地域の中間集団の衰退である。1970 年代までは、地域の子ども会、青年団、婦人会、老人会のような年齢階層別の地域団体が作られ、それぞれの活動を展開していたが、高度成長期を経て低成長期、さらにはバブル期から「失われた 10 年、20 年」を経ることで、これらの伝統的地域集団はほぼ壊滅したと言っていい。住民を網羅する町内会、自治会は現在も存続し、地方行政の下請け的な役割を果たしているが、その組織率は年々低下して多くの自治体で 50％を下回るようになった。他方では、スポーツや文化活動の同好者のサークルのように近隣地域を越えてテーマ別に結集する組織が活動している所もあるが、それは身の回りの地域社会の活性化には役立っていない。

　これを「もてなし」の視点から見るとどうなるだろうか。「もてなし」はもともと共同体の紐帯を作り出す装置であった。人々が大家族を構成して生きていた時代には一族の結束を確認する節目の行事として宴席が設けられ、もてなしの贈与と返礼が行われてきた。農村のように地域社会がそのまま生産単位であったところでは、村を上げての「もてなし」の交換が行われた。都市の生活においては、それぞれの家業を円滑に進めるために同業者や役人との連携を目指して「もてなし」の提供が積極的に行われ、独自の接待文化が生み出されたことは先に見たとおりである。

　地域の共同体が崩壊し、企業社会においても、持ちつ持たれつの心情主義的な馴れ合いが否定され、公正な競争が前に出てくるにしたがって「もてなし」が人をつなぐという発想は否定されざるを得なくなった。かつては日本人の日常の重要な構成要素であった「もてなし」は、日々の暮らしの中では存在感を薄めているということである。代わりに「もてなし」の専門施設ともいうべき料亭や日本旅館が提供する商品化された「もてなし」が新たな需要を生んでいるというのが現在の状況である。日常の「もてなし」が失われた分だけ、かえってその希少性が商品価値を産んでいるとも言える。その極北がかつての遊郭のもてなし文化であり、それを伝える京都・祇園の舞妓たちが脚光を浴びているのである。

（2）グローバルとローカルを繋ぐ

　ローカルな人のつながりが希薄になる一方、グローバルな人のつながりが次

第に前面化しつつあるというのが現在の状況である。インバウンドの観光客が街にあふれ、電車に乗っても周囲の人々の話す言葉が聞いたこともない外国語であるような体験がごく普通のことになってきた。しかしそれよりもっと重要なことは、一過性の観光客ではなく日本に定住して働く人々が着実に増加しているという事実である。外国人労働者の数は、合法的に登録されている人だけでも128万人（2017年）、これに少なくない「不法」在留者が加わる。昔から日本に住んでいる人や留学生や働く人の家族を含めた在留外国人の総数は250万人、ここ数年の伸びは著しい。政府は人手不足の解消をめざして外国人労働者の滞在条件を緩和する政策を進めようとして賛否の議論が巻き起こっているが、人口減少社会に突入したこの国が「移民」なしでやって行こうとするのはもはや不可能な事態なのである。

　これからの日本社会は、異なる文化を持つ人々といかに共存していくかという課題に直面している。閉鎖的な島国で、同一性の高い人々が比較的均質な文化を育み、さして言葉を交わさなくても分かり合えると信じて「もてなし」の交換をしてきた時代は過去のものとなった。地域社会においても異なる言語や生活様式を持った隣人が現れ、多様な価値観を受け入れて暮らさざるを得なくなった。こうした事態に対して、隣人と没交渉で地域社会に無関心という態度を押し通すことは地域社会のトラブルを増すことにつながりかねない。生活の土台である災害への備え1つとっても地域の協力体制を作っておくことが安全の保障となる。超高齢社会が急速度で進行し、独居老人が増加することは避けがたい傾向だし、子育て支援のためにも地域の教育力・福祉力の再建は喫緊の課題である。

　人と人を繋ぎ、協力関係を作り出していくために、ふたたび「もてなし」の効用に注目してみる必要がある。「もてなし」は本来、「異人」との付き合いのために求められたという原点を思い起こそう。外国人はもとより「異人」に違いないが、日本人同士もまた、かつてのような文化的な一体感を持っているわけではない。相互の「異人度」ははるかに高くなっていると見なくてはならない。

　互いに異なる価値観やライフスタイルを持つ者同士が、それぞれのあり方を尊重しながら共同していくためにこそ「もてなし」の存在理由があると考えたい。相手を支配するのではなく、わが方に吸収するのでもなく、相手の状態をそのまま大切に尊重しながら、相手との良好な関係を作っていくのが「もてなし」の神髄であることは先に見たとおりである。日本の地域にコミュニティを

再建するためのキーコンセプトとして「もてなし」を再定義することが求められる。

(3) もてなしの再生と新しい公共

　一人の女性が小さな屋台を作り、それにコーヒーのセットを積み込んで街へ出かけた。彼女は街角に屋台を停めてコーヒーを沸かし、道を行く人々に薫り高いコーヒーを振舞い始めた。コーヒーを勧められても、初めはその意図を怪しんで取り合わずに過ぎていく人ばかりだったが、やがて一杯のコーヒーを喜んで飲み干す人が現れ、そんな人たちがその場に立ちどまってコーヒーカップを片手に談笑する光景が見られるようになった…。

　これは若い建築家である田中元子女史が『マイ・パブリックとグランドデザイン』という本の中で自らの実践を紹介している内容である。「マイパブリック」とは聞き慣れない用語で、そもそも「マイ＝私」と「パブリック＝公共」とは相反する概念のように思われる。だが著者はあえて「私による公共の創出」という新たなコンセプトを打ち出すのである。小さな屋台（パーソナル屋台）を曳いて街へ出て、道行く人にコーヒーを振舞うのは、マイパブリックの実践の1つなのである。初めは何だかわからず警戒していた人たちがコーヒーを飲みながら気楽なおしゃべりを楽しむコーナーが自然にできあがる。全く私的に作った、しかし、誰にも開かれた「公共空間」が出現するというのである。まさに無償の「おもてなし」が人々の新たなつながりの端緒となるという実践である。

　同書のもう1つのキーワードは「グランドレベル」―これは建物の1階のことである。地面とフラットにつながる1階は、プライベートとパブリックが出会う場所である。商店も公共施設も集会所もまずは1階が街に向かって開いているからこそ人々が集うわけで、グランドレベルはまさしく人間交流の空間である。しかし、近年、1階がオープンでない建物が増え、町の賑わいが失なわれてきた。著者はこのことに大きな危機感を抱いて、マイパブリックの発想でグランドレベルの活性化に取り組む様々な事例を紹介している。誰もが街へ繰り出し、そこでの出会いやふれあいを楽しむことができるプログラムと空間を作ること、それこそがいま求められている「まちづくり」のポイントなのだと著者は主張している。

　公共と言えばお役所の仕事というとらえ方が一般だが、行政と市民の関係が

成熟していない日本に必要なのは、「公共」を市民の側に取り戻すことである。公共とは市民それぞれの自前の活動の中でこそ育って来るものであり、「もてなし」の精神はそれを生み出す原動力となり得る。直接の見返りを求めない「贈与」としての「もてなし」が、やがてさまざまな「返礼」を生み出して市民のつながりを紡いでいくからである。地域の「もてなし」の再生は、現在のところはささやかな願望に過ぎないが、地域における新たな互酬性の回復という方向こそがこの国の未来に向かう指針であることは間違いない。

まとめ

「おもてなし」というキーワードを単に観光事業の宣伝文句にとどめておくことはもったいない話である。この語の含意は今日の世界の状況に深く切り結ぶものを持っている。

「おもてなし」の交換は世界平和の礎となるはずだし、商品経済が支配する現在の社会が大きな壁に直面する中で、新たな社会の組み立て方―贈与に基づく互酬の経済の復権を構想することもできるだろう。

最後に強調しておきたいのは「おもてなし」がすぐれて余暇の行為であるということである。仕事に追いまくられるゆとりなき生活には「おもてなし」が介在する余地がない。働く人々にとって終業後に残る余裕の時間、週に 2 日の休日、年に一度の長期休暇、それらが確保されることが「おもてなし」体験の基礎条件である。リタイア後の高齢者には、期せずして与えられた自由な時間を人と人の絆の形成に投ずる心意気がほしい。余暇を個人を分断する独りよがりな時間から救い出し、あらたな社会を誕生させる共同性の時間に変えること―その営みの中では「おもてなし」こそが導きの糸となるはずである。

▶第3章

おもてなしの歴史文化論

辰巳厚子

　社交、もてなし、宴―人々は集い、心を通わせ、つながる。

　社交は、異なる背景を持つ人々の社会的な関係を紡ぎだす。人ははるか昔から様々な社交をしつらえ、社交を支える手段として「もてなし」を発達させてきた。この章では、日本的もてなしの源流を探るため、日本文化の基層の一つとしての中世に焦点を当てて見ていく。

　中世には、伝統的な組織に加えて、異なる他者と時間や空間を共有し、規範に従いながら心の交流や一体感を生み出す社交の世界が広がった。その現れが寄合文化の「連歌」であり「茶の湯」だった。付合文芸である連歌の技法には、主客相互の中から生まれる「つきあひ（交際）」の感覚や日本的な美意識が表われている。また、連歌の仕組みを継いだ茶の湯は、接客空間としての会所や書院造、唐物や同朋衆の目利き、数寄の趣向が加わり、もてなしの社交舞台を洗練させていった。こうした寄合文化を通して人々が学んだ季節感や美的表現、しつらいや作法、他者への配慮や間の取り方などの感覚が、日本的もてなしとして生活化されていった。

第1節　外界からの「まれびと」と他者としての「客」

（1）もてなしの古層　神を迎える

　民俗学では、自分たちの世界の外からやってくる「まれびと＝神」への古代の儀式がもてなしの原形となり、今の祭りや年中行事につながると同時に、その後の日本のもてなしの古層を作ったとされる。

　もてなしは、大空の彼方や海の向こうからやって来た「まれびと＝神」との

応対に始まる。神はまた客でもある。外界からやってくる者はみな、得体の知れぬ者である。これを共同体に取り込む儀式がもてなしの源だった。

「わが国の古代には、人間の賓客の来ることを知らず、ただ神としてのまれびとの来ることあるをのみ知っていた。」（「古代研究Ⅲ」）折口信夫の「まれびと論」の一節である。折口は「まれびと」の語源について次のように語っている。「まれ」は数量・度数において少ないことを示し、また「唯一」と「尊重」の意義をも含んでいるとした。「ひと」は人間の意に固定する前は、神および継承者の意味があったとし、まれびとの最初の意味は、時を定めて時折、遠く彼方からある村に限ってやってきて、村人の生活を幸福にして還る霊物だったと推測した。このまれびとは、応接の仕方で善き神とも悪き神ともなる。

人々は外から来るまれびとの力に畏れと期待を抱きながら、そこに応対する作法を作ってきた。どのように迎えるか、どのようにして自分たちの意を伝え受け入れてもらうか、そしてどのように還し送るか、依代、祝詞、饗、神楽はもてなしの原型である。そして無事もてなすことが出来たならば、人間は神から五穀豊穣と安らかに穏やかな生活を贈与として受けとるのだった。

(2) 他者としての「客」と寄合文化

このように多分に神話的原始社会においては、外の世界からやってくる神が客であった。しかし、時代が進むにつれて、社会のなかで身分と階層が分化し、他者としての「客」は自分たちの世界の中からもやってくるようになった。

中世になると武士が台頭し主従の関係で結ばれるが、一方では、既存の組織の境界を越えた人々が、互いに情感を共有する世界が必要とされる。社交の萌芽である。勿論、「個人」が出現し「社会」を構成する近代以降の「社交」には至らないが、そこには人間が互いに感情を共有したいという素朴な願いがある。他者が寄り合って関係を作ろうとする動きは、室町時代に活性化する。

室町文化の特徴の一つに、文化的行為が「寄合」という場で行われたことがあげられる。その代表が連歌や茶の湯であった。人々は日常を離れた空間と時間のなかに、詩歌や茶をコミュニケーションの道具としながら、異質な他者と関係を築こうとした。

連歌は、複数人で和歌の上の句と下の句を交互に詠み連ねていくことを特徴とする文芸である。そこで参加者は、場の空気を読み、他者を気遣いつつ「座」を保ち、緊張や笑いや気分の高揚を作り出す。常に主客を交代しながら繋がり

続ける付句の協力と競詠のプロセスを通して、人々は他者との距離を測るつきあいの感覚や日本的美の感覚を磨いていった。

　一方茶の湯は、鎌倉期に禅僧栄西が江南の喫茶を伝えて以降、禅院での喫茶の習慣、茶の産地を当てるゲームの闘茶、書院会所での茶の接待など多様な茶を融合して、室町末期には新しい日本の文化「わび茶」が誕生する。

　わび茶の茶会では、社交舞台として空間や道具のしつらえに趣向性を強めながら、連歌から引き継いだ主客の相互的関係をさらに洗練させて、寄合文化をもてなし文化へと発展させていく。

第2節　連歌から生まれる社交

(1) 一味同心の社会と文化

　中世はどんな時代だったか。中世、特に室町時代は、中央政体が脆弱で権力が有力大名に分散していた。また地方武士や武装寺院といったさまざまな局地的権力も絶えざる抗争を繰り返していた。酒屋、土倉と呼ばれる商人の力も強まり、農村では自治能力を備えた惣村が力を持ち一揆を企てた。このように政治的にも経済的にも共通の利益のために人々が一味同心して連帯する場が次々に作られた。

　同時に、能や狂言、茶、花、香、和風の住宅建築など日本文化の基層を作った時代でもあった。そこにはいくつかの背景がある。

　1つは、それまで公家や僧侶が学んでいた歴史や文芸が多くの人に理解できるように広がり始めたことがあげられる。琵琶法師の語る平家物語も猿楽上演も庶民が言語知識や歴史を学ぶ場であった。

　2つ目は、民衆の間にも人と人を結び付ける様々な集団や組織が誕生したことだ。惣村の中で生まれていった祭礼や宮座、疫病や御霊を鎮める念仏踊りや信仰の結社、都の町衆の祇園祭や山車巡行など、心を共有して目的に向かう動きがみられた。能や狂言、連歌、茶など中世芸能を育成し開花させた「座」や「寄合」は、そうした動きの中から生まれてきた。

　3つ目は、禅僧による中国との文化交流や商人の交易により、幅広い唐物の将来があったことだ。唐物が数多く広まることによって、質を評価できるまでに鑑識眼が定まりつつあった。

　4つ目は、さまざまな文化や美の感覚が芽生え共存していたことだ。文化の

先進国であった中国の文化が受容された一方、権威として依然存在する平安貴族からの詩歌の美、南北朝時代に流行した「バサラ」の奇抜で華美な美、「わび」と呼ぶ枯淡の美など異質の価値観が共存していた。

　こうして社会の流動的背景をもとに、武家文化と公家文化、大陸文化と伝統文化、中央文化と地方文化が重層化して融合し、新しい日本文化を作っていった。

(2) 寄合文化　連歌の流行

　「連歌」は、院政期から江戸の俳階登場まで中世を中心に長きに渡って、公家や武士、地下の人々や町人を巻き込む一大流行となった。

　建武政権期、京の二条河原では、京童と呼ばれる不満分子が「エセ連歌」や「茶香十炷ノ寄合」を批判のやり玉に落書を掲げたことは有名である。

　「建武式目」（1336）にも「群飲佚遊ヲ制セラルベキ事」として、莫大な賭けを積む連歌や茶の寄合が取り締まられた。しかし、何故ここまで人々に受け入れられ、流行となったのか。どういった点で人と人を繋ぐ文化として成長していったのだろうか。

　連歌の流行は、和歌にはない掛け合いの面白さと気楽さから、院政期の頃には、受領層や女房・遊女・地下層の間で一句連歌（「短連歌」）が、鎌倉中期頃には、複数人で詠む鎖連歌（「長連歌」）が親しまれ、グループで百韻（百句のこと、和歌の 50 首分に相当）連ねて詠むまでになった。

　前述の「エセ連歌」とは「花の下連歌」のことである。春がやってくると神社仏閣の枝垂れ桜の木の下に、身分を超えた人々が集い連歌を詠んだ。法勝寺や毘沙門堂には、地下の連歌師と関白二条家の人々が一緒に着座し、これを都の群衆が集まって見物するなど一大イベントとなった。見物の「よろづの者」にも句を出す自由が認められており、親しみ深く面白く笑いをさそう様子が「筑波問答」などに描かれている。

　14 世紀初頭には、連歌が本来持っていた遊戯性や娯楽性と伝統的な和歌とのせめぎ合いや両者の融合により抒情的興趣に富むものへと変化する。

　二条良基は連歌会を開くには時節や眺望選びが重要といった（「連理秘抄」）。連歌会を仕切る宗匠は、付句の良し悪しを判定するだけではなく、参加者（連衆）が優れた句を出せるよう場の動向に常に気を配り、座に味わいを作っていくのが役目である。季節の変わり目、花の頃をねらい、山や水といった風情あ

る風景を用意するなど、連衆の視覚や聴覚を刺激し心が動かされる舞台を準備した。こうして「時」と「場所」選びに趣向が生まれるようになる。

　15世紀に入ると伝統的な古典の教養や経験も少ない新興武士階級が連歌の愛好者となりその風躰は混迷するが、会所では連歌会、茶会、酒宴がセットとなって頻繁に開かれた。まさに大名と公家一体の社交サロン形成に連歌は欠かせないものとなった。

（3）言語の対話性と社交

　伊地知鐵男は「連歌の世界」（吉川弘文館）で、連歌の技法とその特質を、例を挙げながら次のように説明している。連歌は、基本的には「雑談の返答」のように問答対話にあるという。例えば「昨日の風はいかめしく吹つるかな」と詠むと、「いづくの花も残らず散つらめ」と付ける（「宗祇初学抄」）。この様に前の句の意味や情趣を基に自分の連想を働かせて、新しい表現と世界を展開するのだ。

　連想は、次第に「美しい装いや表現をもって」付句されるようになっていく。「春夏過ぎて秋にこそなれ」という四季の移り変わりの速さをうたった前句があった場合、付句としてはまずは冬が浮かぶ。そこで「冬→雪→その白さ」「白さから対照的な緑」「しかも冬にも色をかえない松の緑」と次々連想を膨らませて、「雪の頃またいかならん峰の松」と続ける。前句には登場しない冬の雪景色の美しさ、白雪と対照的な松の緑の美しさを浮かびあがらせるのである。

　同じこの前句に対して「花ちりし青葉桜の紅葉して」と付句すれば、春→夏→秋の変化を、一本の桜の木の変化に興じることもできる。また「都いでていく関越えつ白河や」と旅の詠嘆を付句することもある。これは能因法師の名歌「都をば霞とともにたちしかど秋風ぞ吹く白川の関」が参加者一同の脳裏に思い出されることを前提に、大胆に連想を飛躍させている。

　このように連歌は、他に反発したり排除したせず、互いに触発し融合し響きあう、多人数による合作競詠なのだ。

　連歌の座には明確な主客の分離はない。というよりは、むしろ付句により主客は常に交代していくといった方がいい。連歌は前の句の呼びかけにどう応え、どのように次の句を付けていくかという「言語の対話性」にその特質がある。

　句を付けるとは、前句の発想を受けとめ、それでいて同じ情景にとどまることなくまた繰り返すことなく、自由で新たな連想を膨らますことだ。参加する

連衆は、個性的過ぎて座をしらけさせてはいけない。まさに付き過ぎても離れ過ぎてもいけない微妙な相手との関係を保ちながら、流れと調和とまとまりに気配りし、連想の世界を作っていく。相手の言葉に耳を傾けそれを受け止め、さらに自分の次に続く相手を大切に心配りする主客相互の共感能力が培われた。作者と鑑賞者、主と客の変転は、世界のどこにもない日本独特の文芸だ。こうして一つの座を結ぶ「一座建立」は、その後の茶の湯に影響を与える。

　連歌の座は、親しみと共感に心がうち解ける宴だ。そこには、共通の世界が存在する。季節のうつろいや面影を追い、あるいは人生の無常や恋のはかなさを感じ入り、自然と自我が一体化して寂しさや恋しさの心の奥深くを詠む。四季、月、花、山、水、恋、衣装、旅、名所、述懐、神祇（神社）、釈教など庶民の生活に近いものから高度なものまで多くのものが素材として詠まれた。

　日本人は連歌を通して、季節を愛でる感受性や連想力、互いの気持ちに寄り添う共感力、役になりきる想像力、場の空気を感じながら、気持ちを合わせ時に飛躍させる機微を磨いていったといっても過言でなかろう。他者との距離の取り方や座の持ち方なども次第に日本人の生活全般に影響していったとも考えられる。

第3節　社交空間の誕生としつらい

（1）唐物の将来としつらい

　前節では、連歌の遊戯性のなかに他者との心の共有、主客相互の寄合性をみてきたが、この節では中世の交際文化を理解する上で欠かせない会所や書院造など社交空間の誕生とそのしつらいの発達を見ていく。

　鎌倉時代後期に唐物が将来されそれらが珍重されるようになって以来、酒宴の酒や料理だけではなく、唐物を座敷に飾り立て、そのしつらいを客に披露することがもてなしの重要な要素になった。

　鎌倉以降中国から我が国にもたらされた数々のものを「唐物」と呼ぶ。「唐物」とは、唐時代のものだけではなく、「遠きもの」「得がたき宝」（兼好「徒然草」120段）として唐へのあこがれやイメージを総称した舶来崇拝だった。宋・元・明の時代の絵画、墨蹟、仏前具足、茶具足など相当数が伝来した。

　そうした唐物を人々が集う場に装飾として用いる先駆となったのが南北朝期に近江・出雲など七カ国の守護職についた佐々木道誉である。「太平記」（第

33 巻、第 36 巻）には、バサラ大名と呼ばれた佐々木道誉が、京の都で在京の
大名を集めて渡来ものを飾り立て、連日茶寄合（いわゆる闘茶であり、茶を飲
んでその産地・種別をいいあてる賭けをともなう競技）を開いた様子が記され
ている。バサラは、オーソドックスな王朝風を覆す異風異体なもの、贅沢、豪
華を好む。まさにバサラは動乱期を勝ち抜いた自負と伝統的権威への反逆精神、
権力志向へのエネルギーの発露だった。

　バサラ振りは遊宴に最も発揮された。唐物や日本の珍貴な宝物を集めて、百
カ所に飾り付け、椅子の上に豹や虎の皮を敷くなど奇抜にしつらえた。豪華な
食事、闘茶、さらには賭け物も用意された。人を集わせる中心にゲームとして
の闘茶を置いたのはコミュニケーションのための仕掛けだった。直接感覚に訴
える派手さと豪華さで客を驚かせ喜ばせたのは、権威を目に見せるという意味
もあったが、非日常の結界を作り出し、客をもてなす祝祭的趣向であり、将軍
さえ魅了した。花、香、各種の飾り物のしつらいや作庭は、形を変えてはいる
が利休によって大成されるわび茶のもてなしに引き継がれていく。

(2) 会所と書院造の誕生

　こうしたなか、「唐物」をしつらえ、「唐物」を愛で合う空間として、建築様
式も変化していった。武家の時代になると、それまでの寝殿造りをハレの場と
して取り入れながらも、ハレでもなくケでもなく中間に位置する私的な接客空
間として「会所」や「書院造」が誕生した。足利義満が 1378 年に新たに造営
した花の御所室町殿は、正月行事や行幸の際の饗宴、室町殿のための祈祷など
幕府の公的な行事を行うハレの場には寝殿造を継承し、遊興や社交的会合の場
には、新たに「会所」が設けられるようになった。

　会所は次第に和歌会、連歌会、茶会など相互の私的交流の場として活発に利
用されるようになった。

　接客の機会が増えれば、もてなす趣向が生まれる。そこで登場したのが「書
院造」である。書院造には、唐物の文具や茶具、画幅、花瓶、香炉などそれぞ
れの品を飾るにふさわしい場所、「違棚」「押板」（後の床の間）「付書院」「茶
の湯棚」などが備えられた。いわゆる「座敷飾り」である。唐物荘厳と畳を敷
き詰めた和風建築という組み合わせは、外来モノを受け入れながら日本風にア
レンジして取り込む日本独特の文化の受容であり、空間装飾を整えるという生
活文化を成立させ、武家文化の大きな流行となった。

後世「東山御物」と呼ばれるようになった足利義政の収集物は、芸術的な先進性が高い。その義政の文芸活動を支えたのが同朋衆の存在である。同朋衆には時宗出身の層が多く、阿弥号を称し法衣をまとい、将軍の使い走りから唐物奉行まで多種多様なことにかかわった。同朋衆は、鑑賞用の座敷飾りをランク付けして管理し、殿中のしつらいや儀礼化した将軍の御成の場を整えた。唐物の目利きであった同朋衆能阿弥の集大成「君台観左右帳記」は、画人録、座敷飾、器物の説明の三部からなり足利将軍家に収蔵される基準となった。これはまた部屋の飾り方の手本となり、そして人々により幾度も転写された。

　以上のように、義政の時代は唐物数寄が頂点に達し権威の象徴となる一方、座敷を飾る文物の流行は、人々の道具に対する眼をより広く鋭いものにしていった。動乱期、こうした道具の目利きの感覚は、幕府の崩壊により散逸した東山文化の道具類とともに、堺の商人を中心に、芸術性に富んだ「茶の湯」と結び付いていくことになる。

第4節　茶の湯ともてなし

(1) 茶の湯の成立

　室町時代後期から安土桃山時代にかけての動乱の世は、商人が力を持ち、都市文化が芽生えた時代だった。連歌の寄合性、唐物の道具数寄、茶礼や会所の茶を取り込み、公家、武士、僧、専門的な芸道者、さらに町人などが集う新しいスタイルの「茶の湯」が成立していく。

　亭主（主人）が、茶室をしつらえ、趣向を凝らし、客をもてなす「会」が盛んになる。誰を客として招き、どんな道具や料理でもてなしたかを自分で記録した「自会記」、招待された茶会での、亭主名、招待客、出された道具や料理を記録した「他会記」が数々残されている。自会記は、同じ客人を同じ道具組みでもてなすような野暮なことをしないための備忘録だった。

　この時代何故饗応に加えて茶の湯によるもてなしが盛んになったのか。

　1つには、下剋上の世の中、他者との駆け引きや関係を築く場として、酒以外の席も重要視されたことだ。酩酊するまで飲むことが多かった当時の宴会とは異なる人間関係を深める場となった。

　2つには、財力を持った町衆が名物の茶器を手に入れ、それまでの唐物礼賛の鑑賞に代わり、道具として使用するところに価値を見出し、客はそれらを拝

見するという新しい文化を作ったことである。その結果、文化的基盤を持たない新興大名と、武具などを供給し戦国武将を支える財力を持った町衆が、茶を核に接近した。

だからこそ、茶の湯のもてなしは、政治的にも魅力あるものとなった。織田信長は「名物狩り」によって自ら蒐集した由緒ある伝来の名物茶器を茶会で使用し、また大名の功績に対してそれらを褒美として与えた。豊臣秀吉は政治的儀礼である禁裏茶会や民衆への興行として北野大茶会を開き、それらの名器をディスプレイすることで権力を社会に見せた。

と同時に一方では、貴族でも武士でもない新しい時代の主人公、堺の町衆である武野紹鷗（1502-1555）や千利休（1522-1591）によって「わび茶」として大成されていく。

茶会を構成するのは、亭主と客である。亭主は寄合の場で如何に客をもてなしたか。当時の茶の湯を記録した「山上宗二記」（宗二は、堺の町衆であり、秀吉の茶堂、利休の高弟である）を中心に、空間、道具、立ち振る舞いの作法、主客の心の結合や調和など社交の場を支えるもてなしの構造を検討してみる。

(2) 空間　―非日常の茶室―

15世紀後半から16世紀初頭にかけて独立した茶室が増え小型（小間）化していく。僧侶や隠遁者が世を捨てて山中に建てた住居にあこがれて、檜皮葺きの家屋や農家風の草葺きの侘びた佇まいを京の町中に「山居の躰」や「市中の隠」として構えた。四畳半敷、六畳敷の独立した建物で、畳敷の座敷と床の間からなる。畳を敷きつめることによって、身分を超えて一座の人々が着座する空間となった。それまでの宴席の酒食や歌舞音曲を断ち切った空間は、より人と人の心が向き合う場となった。

16世紀後半になるとそうした脱俗空間の一面も持った庵は、都市のなかでこそ存在感を増すようになる。日本人の生活風俗をまとめた宣教師のジョアン・ロドリーゲスは「市中の山居」（「日本教会史」上）と呼び、堺の商人たちは都市そのものの中に隠れ家を見つけ楽しんでいると言った。生活する市中を離れず、名物の茶器に囲まれ、束の間精神を解放する。「名物の道具をそそうなる座敷に置きたるは当世の風体」（宗二記）といって、高価な道具と侘びた茶室の対照の美を好んだ。茶室は時代が産んだ空間であり、贅沢な時間だった。

千利休に至って、茶室と露地により非日常性が明確になった。彼は小間の

茶室に身を二つ折りにしなければ入れないような小さな「くぐり（にじり口）」を作り、客は刀掛に刀を置き、頭を下げて茶室という異界に入る。その世界は利休が建てた「待庵」（京都・大山崎　妙喜庵）を例にとるなら、二畳という狭い空間の壁を黒く塗りまわし、余分な景色を視界から去り、亭主のしつらいに客の心を集中させる効果を生み出している。亭主の世界観を凝縮させた狭い中で、亭主と客は緊張感と親密性という相反する感情を共有するのだった。

(3) 道具と趣向

　16 世紀になると、活発な貿易により唐物、高麗物に加え、南蛮物などが流入し、国焼も茶会で使われるようになる。それまで唐物一辺倒であった書院の茶とは違い備前焼や信楽焼の冷え枯れた和の美を味わい、取り合せていくのがわび茶の世界となった

　日本文化の特徴の一つに、対象を他のものになぞらえて表現する「見立て」という趣向がある。和歌や連歌の比喩表現、日本庭園や枯山水の庭などにも見立ての技法が使われている。茶の湯においても、本来茶道具としてつくられたものではないもの、例えば唐物の香辛料の容器を茶入れに、高麗物の粗製の日用器を茶碗として十分に使いこなせることを見出し、使用した。日常の中に美を見出す眼と心が備わってきた。

　茶道具に「銘」を付けたのも見立ての一つである。道具の特徴をとらえ美しさの印象を短い言葉に置き換える。産地や所有者、姿・形状、禅語や和歌などから付けられる。例えば茶壺「松島」は、こぶの多い茶壺の様相と和歌に詠まれた名勝地「松島」を重ねるといった具合である。日本人は「見立て」を通して、発見する遊びごころ、新鮮で趣きのある試みを生活のなかでも楽しんでいたのである。

　千利休は、見立てから創造へ茶の湯を大きく発展させ、思想性や精神性を表現した。利休の指示のもと長次郎に作らせた楽茶碗は、唐物文化を乗り越えあるいは否定し、自らの茶の湯の精神に合致する侘びを体現したのであった。

　また、「茶湯に作をする」ことこそ、もてなしの真骨頂であった。作とは「作分」、亭主の創意工夫であり、趣向を凝らすことである。宗二は作をするものとして、第一に茶会で供される食事と酒肴、第二に道具を挙げた。それらには、季節柄や客の好みに配慮しながら、変化を持たせることができる。食事や道具類に込められた心遣いや心意気は、亭主のメッセージであり、客への贈与なのである。

客がその心を感じた時、主客の間に文化と教養のコードの共有、言葉を超えた相互理解が成り立つ。

　しかし最も興味を引く宗二の「作」は「押し懸け」と「女を仕う事」だ。「押し懸け」とは、招待されてもいないのに、風情を感じる季節や夜に、突然訪問して一緒に茶を楽しむことだ。亭主は、そんな日には、来客の予定がなくとも茶の用意をして待っている。主客の最高の以心伝心である。

　給仕に「女を仕う事」というのは、まさに茶会のサプライズの「作」であった。

(4) 主客の関係　一座建立と一期一会

　宗二は「客人振りの事　大方、一座建立にあり」といった。この言葉は、もともと連歌師でもあった武野紹鴎が初心者のために語った言葉として伝えられた。連歌は、制作と鑑賞が密接に結び付き、相互に繰り返していく過程に意味があった。同様に茶の湯では、もてなす側の動作は次の段階でもてなされる側に引き継がれ、主客は手前（亭主のふるまい）と作法（客のふるまい）の交換によりそのプロセスを共有し、共同作業により「座」を成立させる。一座建立は、亭主と客が一体の境地で一つのことを成し遂げることだ。同じ言葉を使った世阿弥が「風姿花伝」のなかで、「衆人愛敬を以て一座建立の寿福とせり（芸が民衆に愛されることで、演じる一座を維持し繁栄させていく幸せになる）」というのとは、意味が異なる。

　「一座建立」という言葉を嫌ったとされる利休は「一期に一度の参会」といったと宗二はいう。客は路地入りするときから帰るときまで、一生に一度しかない機会と心得て、亭主の心遣いに敬服すべきであるという意味だ。場が盛り上がる「一座建立」と身の引き締まる「一期に一度」は相反するようだが、一つの完結した時間のなかで緊張とくつろぎが混在することこそ他者との社交の世界なのである。この言葉はその後、井伊直弼により出会いを大切にする「一期一会」（「茶湯一会集」）という語に要約された。

(5) 社交ともてなし

　寄合文化としての茶の湯を社交ともてなしの視点から改めてみてみよう。

　社交の基底となるのは、共感性である。人々は態度や行為、感情や情報を相互に共有しながら、コミュニケーションを模索し、他者との関係を築く。寄合文化は、まさにこうした社交の世界であり、そこでは他者を尊重して関係を紡

ぎ出す、様々なもてなしの作が生まれた。

連歌で磨かれた季節感や風情の連想は、茶の湯の趣向、空間や道具の組み合わせに活かされた。作法は、非言語的なコミュニケーションであり、社交の場での非日常的なルールだった。身体的表出、型によって言葉では伝えきれない意味を主客は交換しようとした。

また人と人の間に、もの・道具類を介在させることにより、主客は茶室での直接的な視線を避け、間を作る。道具類は、コミュニケーションをスムーズにさせる一つの仕掛けである。お互いの距離感や座の雰囲気を保つためにこうしたクッションを置くことの意味は大きい。

間とは、何もない空間や時間であるが、日本人はそこに独自の価値と尊厳を認めてきた。茶室という空間は、何もないからこそしつらいに豊かな変化を持たせる可能性があり、一期一会を可能にするのだ。

「わび茶」の「わぶ」は本来、不満不足を感じ心細く思いわずらうという意味である。不完全なるもの、不足するものをひっそり静まりかえった自然のままに枯淡なものとして味わう美意識だ。あえて不足しているものを残し想像力で補う、不足しているものを他のものとの組み合わせで補う、不足しているものを相手への心遣いで補うことがわび茶のもてなしの神髄だったのだ。

まとめ

室町時代にかけて、社会の分化が進み、上下左右、さまざまな他者が意識されるようになった。その他者との軋轢を抑え、つながり、時に利用しようとして生まれてきたのが、連歌から茶の湯に至る社交ともてなしだった。遊戯性、集団性の強い連歌の一座建立の世界は、茶の湯を通して利休の一期一会の世界に至る。その源には、神話的な古代の霧の中で、我々の祖先が「まれびと」と対峙したもてなしの知恵があった。

翻って最近の社会を見渡すと、自分ファーストで、同じ仲間とは繋がるが、異質な他者との社交に積極的とは言い難い。また、社交をしつらえる趣向や作意も工夫されず、「おもてなし」サービスに安易に頼ってしまう。しかしながら、本論で述べた我々の日本的な美の意識ともてなしの歴史精神は、時代と共に変容しながらも我々に受け継がれているはずである。他者との一座建立や一期一会の「作」を改めて考えてみたい。

第4章

おもてなしの修養論

山田貴史

　鈴木大拙は日本の文化の源流の一つとして「禅文化」を上げ、そこから多くの「道」が派生したことを指摘している。「おもてなし」も禅文化からさまざまな影響を受けている。日本の近代文学を興隆した夏目漱石の作品『門』には、禅寺における「おもてなし」とそれに「気づく」ことができなくなってしまった近代日本人のありようが描かれている。禅文化に隠された「おもてなし」を知るには、まず禅宗思想の基本的な特質や背景を知ることが必要である。そのような理解なくして語られるおもてなし論は、空疎なものになりがちである。禅宗文化の特質を理解してから、この作品を読むことで、漱石が体得していた禅文化と近代日本人の生活との乖離が浮かび上がる。近代社会において人と人の関わりを方向付ける「サービス」という考え方に、大乗仏教としての禅文化がもつ菩薩行という視点に立つ「おもてなし」を対置させ、おもてなしにおける修養の意味を考えてみよう。

第1節　おもてなしとサービス

　「おもてなし」は近代以前の日本から受け継がれている概念であり、近代以降に定着した「サービス」の概念と異なるものである。もてなすとは表裏なし、一期一会の心で相手を接待する行為である。「サービス」は対価を伴い、受ける側と提供するものに立場が分かれると定義される。おもてなしには対価がなく、亭主と客人が一体となって行うもので、一方の時間や心理が優先されるものではない。主従関係ではなく、主客対等なのだ。またサービスは不特定多数に提供されるものだが、おもてなしはある特定の相手に、心と心を通じて提供

されるものである。相手を敬い、目に見えない心を行為や舞台によって表現し伝えるのである。室町時代、禅宗、特に臨済宗の文化から、茶道、香道、華道、武道など様々なもてなしの「道」が生まれたといわれる。鈴木大拙は「いまさらいうまでもないが、日本人の道徳的または修養的ないし精神生活に関し、公明にかつ理解をもって、書いている内外権威者の多くは、禅宗が日本人の生活を築きあげる上できわめて重要な役割を果たしたという点で、意見をひとしくしている」[1]と、日本の文化形成における「禅宗の影響」を重んじている。だが、多くの日本人は「禅の文化」がどのような特性をもっているか、理解していない。筆者は十年には満たないわずかな期間、禅に親しんでいるが、周囲の「禅」に対する理解と言えば「無の境地」「痺れるまで坐る」「厳しい修行」「警策でたたかれる」といった表面的なものが多い。

　こんにち政治、経済、文化、スポーツなど、さまざまな分野に禅に親しみ道に進む人がいる。明治期の人々は今以上に禅に親しんでいた。文豪、夏目漱石もその一人であり、青年期には何度も参禅している。彼の作品、『門』には禅寺を訪ねて禅的な「おもてなし」を受ける一人の知識人の経験が描かれている。そこには禅を源流とする伝統的な「おもてなし」と近代化の進む日本の社会で生きざるを得ない一人の知識人の迷いや葛藤が見て取れる。漱石の晩年の心境として「則天去私」という言葉が語られるが、これは禅の影響を受けたからともいわれる。漱石は鈴木大拙が終生の師と仰いだ釈宗演に禅を学んだ。宗演は慶應義塾に学び、セイロンで修行し、のちに円覚寺管長となった。漱石は27歳の明治27年暮れから正月にかけて円覚寺に滞在したことが知られており、その体験が『門』の中に生かされている。

　筆者が禅に親しむ以前は、この作品を主人公の宗助が禅寺の門を叩きながら、なにも宗助に効果をもたらさなかったとのみ理解していた。しかし、作者の漱石の意図は、道を求める暮らしとは無縁な近代社会の人間でも、禅寺の生活によって何らかの「気づき」を得ることができるのかどうかを問い直すところにあったのではないかと考えるようになった。禅寺での老師〈師家、師匠〉や雲水〈修行僧〉の振る舞いには、近代人が気づくことができない、さまざまな目に見えない「おもてなし」が含まれているのではないか。この物語の中から、そうした伝統的な「おもてなし」を抽出してみたい。

第2節　『門』のあらすじ

　それでは、夏目漱石の『門』のあらすじを「参禅前」、「参禅とその後」に分けて、以下に紹介しよう。

（1）参禅前の宗助

　夏目漱石の『門』は1910（明治43）年に書かれた作品で、『三四郎』『それから』に続く三部作といわれる。それぞれの作品の主人公は三四郎、代介、宗助と名前こそ違うが、ストーリーや生活様式、価値観に共通点が多いとされる。『それから』は新興ブルジョワの父を批判しながらも、それに依存して生きる遊民が主人公である。友人が自分の好きな女性を好きだと言ったので、間を取り持って結婚させてしまった。しかし友人が女性を大事にしていないことを理由に、奪い取ってしまい、それが原因で親兄弟からも絶縁され窮地に陥る。そして『門』では、主人公の妻お米が、同棲して夫婦同然だった「安井」という男を捨てて、主人公・宗助と一緒になったことから、家族や親戚、社会や大学にも居場所を失い、ひっそりと暮らしているという設定である。だが、叔父の急死によって地方都市から宗助が上京したことをきっかけに状況は大きく変わる。東京で知り合った坂井が、安井と知り合いであることがわかり、宗助は精神的に激しく動揺する。大陸に渡っていたはずの安井が東京に帰ってきている。それまで忘れかけていた過去が、また一瞬にして現前し、ひっそりとした今の暮らしが壊されるのではないかと心配する。宗助はお米に相談し「共に苦しみを分かって貰おう」とも思うが、勇気がでず、一人で悩みを抱え込んでしまう。その時、鎌倉で参禅している同僚のことを思い出し、禅寺の紹介状をもらう。お米には「少し脳が悪いから、一週間ほど役所を休んで遊んでくるよ」と説明し、神経衰弱の治療として円覚寺へ向かう。実は漱石自身が神経衰弱を参禅によって克服しようとした経験がある。そして次節のように宗助は臨済宗・円覚寺での短い参禅生活をおくる。

（2）宗助の参禅とその後

　宗助は北鎌倉駅に近い臨済宗「円覚寺」の塔頭、「一窓庵」に入る。そこで宜道という二十四、五歳に見える若い雲水に生活全般を見てもらい、老師に禅

の指導を受ける。「一窓庵」は「帰源院」、宜道は釈宗活、老師は円覚寺管長の釈宗演がモデルとされている。宗助は一窓庵と円覚寺の禅堂を往復して毎日を送っていた。

　一窓庵を訪ねた時、宗助は初めて会った宜道の落ち着きぶりに驚き、そのしとやかさを最初は「哀れ」にすら感じた。また庵に滞在する在家信者である居士の姿にも、こだわりがなさそうで、剽軽羅漢な様子に驚いた。後述するが、これが「大乗の菩薩」の姿なのであり、宗助はそのような生き方が同じ世の中にあることすら知らなかった。彼ら菩薩の日々と、自分の日々を比べてその懸隔が激しいのに、宗助は驚いた。宜道や居士がそのような気楽さだから坐禅ができるのか、坐禅の結果そうなったのか宗助は迷った。宗助は生活すべてを宜道にゆだねていたが、宜道は淡々と修行を重ねていた。宗助は自分が目覚めるはるか前から参禅、勤行をこなし、自分たちの食事を準備していたことに気づかなかった。言わば最上の「おもてなし」がすでに始まっていたことに、彼はまったく無頓着だった。宗助の個人主義的な行動にも雲水はいらだちすら覚えず、淡々と彼に道を進める。宗助は雲水や寺での生活を横目で見ながらも、基本的には自由な時間に起床し、寺の生活に馴染まなかった。生活のすべてが禅であるという基本的な考えにすら至っていなかった。

　この認識のズレを考えると「啐啄同時」という禅語に思い当たる。「啐」は母鳥によって暖められた卵の中から、雛が殻を破って外へ出ようとするとき、内からコツコツと殻をつつくことである。「啄」とは親鳥が、雛が卵から出ようとする瞬間を本能的に知り、同時に外からコツコツ殻をつつくことをいう。「啐」と「啄」が同調すれば卵の殻が破れて雛は無事に生まれてくることができる。両者がズレていると事は先に進まない。亭主と客人、先生と生徒の間でも啐啄の気が大事である。この「おもてなし」を受けるには相手から見て自らが信頼できる人間であることが条件であり、もてなしに機微に応じる能力が要求される。宗助は庵での宜道や老師のもてなしに気づくことなく、折角の機会を生かすことが出来なかった。禅的な「おもてなし」を実現するには、亭主と客人両者にその力量が整っていて、お互いを尊重し、高めあう姿勢が欠かせないということを、ここでの描写は示してくれている。

　『門』の作品中に、宗助が参禅、入室する場面があり、その様子から禅の「おもてなし」の実際を見ることができる。

「老師が相見になるそうで御座いますから、御都合が宜しければ参りましょう」といって、丁寧に敷居の上に膝を突いた。

………（中略）………

「まあ何から入っても同じであるが」と老師は宗助に向って言った。「父母未生以前本来の面目は何だか、それをひとつ考えて見たらよかろう」

宗助には父母未生以前という意味がよく分らなかったが、何しろ自分と云うものはひっきょう何物だか、その本体をつらまえて見ろという意味だろうと判断した。それより以上口をきくには、あまり禅というものの知識に乏しかったので、黙ってまた宜道につれられて一窓庵へ帰って来た。（夏目漱石『門』角川文庫、」平成 28 年改版、頁 203）

老師は禅への入り口である公案を宗助に課し、門を叩いた宗助を受け入れた。だが、宗助は、手前勝手な解釈に陥って老師のもてなしに気づくことができなかった。そもそも父母が生まれていないので、その父母から生まれた自己など存在するはずがない。だが、この考え方ではすでに「自己」の存在を認めており、自己が存在するかどうかという根本的な問題を考えていない。自己があるというなら、その自己を今、ここで見せることができるか、そう考えれば自己の存在も自分の想像に過ぎないかもしれない。寺の名称でもある「円覚」という丸い円は、完全なる悟り、つまりすべてが円にあり、自己、父、母といった個別的、部分的なものを超えた境地を示している。論理的な思考にこだわって、そもそも自己とは何かと言葉で考えても、物事の全体や本質をとらえることはできず、ありもしない「自分」への執着に振り回されるばかりである。自己にこだわり続ける限り、宗助は安井の影から逃れることはできない。

室中に入るものは老師に向かって三拝するのが礼であった。拝しかたは普通の挨拶のように頭を畳に近く下げると同時に、両手の掌を上向きに開いて、それを頭の左右に並べたまま、少し物をかかえた心持ちに耳のあたりまで上げるのである。宗助は敷居ぎわにひざまずいて形のごとく拝を行なった。すると座敷の中で、

「一拝でよろしい」と言う会釈があった。宗助はあとを略して中へはいった。

………（中略）………

この面前に気力なくすわった宗助の、口にした言葉はただ一句で尽きた。

「もっと、ぎろりとしたところを持って来なければだめだ」とたちまち

言われた。「そのくらいのことは少し学問をしたものならだれでも言える」

　宗助は喪家のごとく室中を退いた。のちに鈴を振る音が激しく響いた。
（頁216）

　宗助の「一句」がどのようなものか、作品中には書かれていない。ただ、その内容が書かれていないことで、その深刻さがうかがえる。その一句が論理で考えられたものであり、宗助が相変わらず合理的、論理的にものを考える癖から逃れられないことが伝わる。「道」の文化は「形」から入るといわれる。頭で考えることをやめ、まず１つ１つの動きを体にしみこませていく。そのうち、頭で考えることがかえって動きに役立たず、阻害要因であることを知っていく。表面的な字面を理解するばかりでなく、なにごとも実行に移し体得し、そこに体験のもつ重みが生まれるのである。宗助の拝し方を見れば、老師には彼がこの禅寺に来てからどのような生活を過ごしていたか、その心持を見通すことができたはずだ。それゆえ「一拝でよろしい」となったのだろう。

　　中途から顔を出した宗助には、よくも解せなかったけれども、講者は能弁のほうで、黙って聞いているうちに、たいへんおもしろいところがあった。そのうえ参禅の士を鼓舞するためか、古来からこの道に苦しんだ人の閲歴譚などを取り交ぜて、一段の精彩をつけるのが例であった。この日もそのとおりであったが、あるところへ来ると、突然語調を改めて、「このごろ室中に来たつて、どうも妄想が起こっていけないなどと訴えるものがあるが」と急に入室者の不熱心を戒めだしたので、宗助はおぼえずぎくりとした。室中に入って、その訴えをなしたものは実に彼自身であった。（頁221）

　宜道は十日間でも何かを見つけられるかもしれないと、宗助を励ました。だが宗助は、禅の公案や理屈で考えることでなく、雲水や老師の態度、生活ぶりに、自らが禅寺に抱いていたイメージは独りよがりなものだったと気づいた。宗助は参禅した自分が何を得たのか、納得できないままに下山した。彼のもやもやは晴れぬまま、また安井の影におびえる生活に戻らなければならないとおもった。その時の宗助の心境は以下のように書かれている。

　　宜道はこんな話をして、暗に宗助が東京へ帰ってからも、まったくこのほうを断念しないように、あらかじめ間接の注意を与えるようにみえた。宗助は謹んで、宜道のいうことに耳を借した。けれども腹の中では大事がもうすでに半分去ったごとくに感じた。自分は門をあけてもらいに来た。

けれども門番は扉の向こう側にいて、たたいてもついに顔さえ出してくれなかった。ただ「たたいでもだめだ。ひとりであけてはいれ」と言う声が聞こえただけであった。彼はどうしたらこの門の閂をあけることができるかを考えた。そうしてその手段と方法を明らかに頭の中でこしらえた。けれどもそれを実地にあける力は、少しも養成することができなかった。したがって自分の立っている場所は、この問題を考えない昔とごうも異なるところがなかった。（頁 224）

残念ながら彼が頭で考え方法で、門を開けることはできなかった。そして彼は「何も変わらなかった」と落胆した。ところがこれも彼の独りよがり、幻であった。家に戻ると、安井が大陸に帰ることになり、安井と再会する可能性がなくなっていた。偶然とはいえ、彼を苦しめた、苦の原因は安井への執着による彼が作り出した幻だった。宗助はひっそりと妻のお米とともに、幸福な日々を送ることができるようになっていた。物語は日曜日、春を感じた縁側での二人の会話で終わる。

第3節　日本における大乗の菩薩としての禅宗

(1) 日本への禅宗の移入

鈴木大拙は日本文化の「道」の源流に禅宗の文化があると考えた。ならば禅宗の持つ思想の特質を知ることは日本文化、そして「おもてなし」の源流を知ることにもつながるだろう。

禅宗の日本への本格的導入は 12 世紀のころ、栄西によるものである。栄西は入宋して臨済系の禅を日本へ伝え、鎌倉や京都に禅の修行道場を開き、禅宗を発展させた。臨済宗は幕府、貴族に接近し、京都、鎌倉に五山制度を形成した。栄西ののち入宋した道元は如浄のもと、曹洞宗系の禅を伝え、日本曹洞宗の開祖になった。道元は次第に都を離れ、越前に道場を構えた。鎌倉、室町時代、両宗は交流、切磋琢磨し互いに発展した。江戸時代には臨済宗系の黄檗宗が中国より伝わり、達磨系禅の修行をする三派として臨済、曹洞、黄檗が鼎立した。

(2) 日本における禅宗の特質

『門』における宗助の振る舞い、宜道や老師のもてなしの内容を理解するために、日本における禅宗教団の基本的な生活様式を知っておきたい。この章で

は禅宗の基本的な特質を「おもてなし」という視点を絡めて説明する。

①系譜

　師嗣相承を重んじるのが禅宗の特徴である。例えば道元は、中国で如浄に接することで、釈迦、迦葉そして達磨と、伝えられた「正伝」といわれる仏法を受け継いで日本曹洞宗を開いたとされる。曹洞宗の仏法は「単伝の仏法」といわれ、一人の師匠から一人の弟子にと伝えられ、師匠と弟子の二つの人格が一体化し、嗣法される。師匠から仏法を受継ぐこと、すなわち嗣法とは師匠の仏法を体現した弟子に印可を与える。その思想は単に師匠が弟子に「悟り」を伝えるのではなく、「諸仏如来」といわれるこれまで成仏したすべての祖師の教えを引きついだことになる。それゆえ、マニュアル化されたり、統一されたりした行動や生活を重んじるのではなく、「正伝」を引き継いだ結果として同様の振る舞いになるのである。それが今日の産業化された「おもてなし」やサービスとの違いである。一人対多数では、おもてなしの心は伝わらないのである。

②公案

　「只管打坐」をとなえる曹洞宗に比べ、臨済宗では坐禅に加え、「公案」を重視している。公案はいわゆる禅問答、またはその問題のことであり、一般的な経典を重視せず、坐禅を通して悟りに至る、禅宗独特の方法である。師家（道場の老師）が問題を与えて修行者を試し、悟りへ導く。中国宋代には『無関門』という公案集も作られた。どのような答えを出すかよりも、自分の心を探りながら自らの仏性に気づく智慧を習得するための方法である。禅問答ではその答えが正しいかどうかではなく、その答えがどのような心の動きから導き出されたかが大事である。なお『門』の舞台は臨済宗円覚寺派大本山である。

　考えぬくことより答えを出すことに気を取られていた宗助はその門をくぐることはできなかった。曹洞宗の道元は坐禅そのものが悟りの現れであり、悟りの中にいるからこそ修行ができると考え、「修証一等」を説いた。曹洞宗でも学人が師家の部屋に入室し、指導鍛錬や嗣法を受ける「入室」という制度がある。このように禅宗では「公案」を重視しているところが、ほかの浄土系や密教系の教団と異なっている。

　マニュアル化、標準化されたものではなく、どのようにもてなすことが相手に喜ばれ、相手を幸せにすることができるか、「一期一会」に考える心が大事

である。まずは心のありよう、鏡に積もったちりやほこりを除くことが必要である。

③清規〔しんぎ〕

　清規とは、出家した禅僧が共同生活をするうえで守るべきルールである。「行住坐臥」というように日常の立ち振る舞いすべてが心を育てると考えている。禅宗では「労働」も修行の一つであり、自給自足を認めており、インドでの初期仏教と異なるスタイルをとっている。禅宗の道場では耕作、掃除、食事すべてが修行である。それゆえ「清規」という範拠となる生活規則を定めた。教えよりも生活様式〈実践〉が重んじられている。仕事を休み、自分の悩みを解決することにとらわれ、周囲の雲水と異なる自分の生活スタイルを庵に持ち込んでいた宗助は、理屈で考える習慣から抜け出すどころか、理屈の深みにはまる一方であった。

　言うまでもなく、おもてなしの訓練や発想は「行住坐臥」すべてからうまれる。まず「形」から入り、あとから様々ことがわかっていくという発想は、清規によって規則正しい生活を送ることが心を育てていくという「道」の発想その根底である。まさに行住坐臥、すべてがおもてなしの道である。

(3)「四聖句」にみる禅宗の特質

　「禅宗」という集団は五世紀後半に南インドから中国に渡来したといわれる菩提達磨が基礎をつくった。達磨は中国で教義を説いたが普及せず、世俗を離れ嵩山少林寺で修行を行った。達磨は「四聖句」によって、「不立文字〔ふりゅうもんじ〕」「教外別伝〔きょうげべつでん〕」「直指人心〔じきしにんしん〕」「見性成仏〔けんしょうじょうぶつ〕」という禅宗の基本的な思想をあらわしたとされる。

①「不立文字」

　不立文字とは、文字によらない教え、真理の伝達ということである。禅の真髄は文字や言葉で伝わるのではなく、師匠の心から弟子の心に直接伝えられる「相承」である。意味内容を伝える媒体としての文字が禅宗では役に立たず、むしろ論理的な理解は体認の妨げとなる。いわゆる「以心伝心」であるが、文字や言葉をすべて否定するのではなく、固定的な概念にとらわれないという意味である。ここでいう「心」とは「心」を分析せず、善悪すべてを含んだ素材としての「心」であり、そのまま「仏」と倒置され、「即心是仏」ともいわれる。

釈迦が弟子の魔訶迦葉に相承した「拈華微笑」の伝説が一例として今日に伝えられている。それゆえ、マニュアル化されたり、統一されたりした行動や生活を重んじるのではなく、「正伝」を引き継いだ結果として同様の振る舞いになるのである。それが今日の産業化されたおもてなしやサービスとの違いである。

② 「教外別伝」

　仏教の教義は経典や文字、言語にとらわれず、人の心を通じて直接伝えていくべきという考えである。釈迦の教えを記した経典を「教内法」、その心を他者の心に記したものを「教外法」という。禅宗の経典に対する考えの表れであるが、経典が役立たないというのではなく、経典や文字やことばでは伝えることができないことも伝えていくということである。行為をもって心を表現するということは、おもてなしと禅に通ずる精神であろう。

③ 「直指人心」「見性成仏」

　「直指」とは文字、言葉などの他の方法によらず、直接的に伝えることであり、「人心」すなわち、本当の自分、ありのままの心である仏心・仏性を端的に把握することである。「見性」の見とは対照そのものになりきり対象と一体化する。性は仏心・仏性を意味する。成仏とは仏陀になることであり、悟ることである。禅は自分の心に向かって究めること「直指人心、見性成仏」が成仏の道であると考える。仏心・仏性に気づくこととは、主観・客観、自己と世界が分かれる以前の存在に立ち返ることである。一般に坐禅をすることは「修行」と考えられるが、成仏のために坐禅をすることは「自力悟道」「作仏」であり、禅宗の思想と異なる。つまり坐禅とは煩悩を消すための修行ではなく、自分に仏性があることを確認する作業であり、「一切衆生悉有仏性」という「如来蔵思想」に基づき、自らの仏性の気づくための作業である。自らの内面を確認するための方法であり、それは「修行」ではない「大乗の禅」と言われる所以である。自分の力量を超えたおもてなしもできないが、普通にふるまえば自分のおもてなしができる。瓦をどんなに磨いても鏡にはならない、必要以上に自らをよく見せるのではなく、ありのままの姿を知ることである。

(4) 大乗の菩薩としてのおもてなし

　これまで、禅宗の教え、生活を基盤とするおもてなしの在り方を説いてきた。

現代でもよく誤解されるのは禅が「悟りを開くための修行」「自己鍛錬の方法」ととらえられることである。だが日本の禅宗は大乗仏教の禅であり、そのような「自力悟道」、「作仏」は道に外れた行いである。大乗仏教とは、「人は生まれながらにして仏性を有していて初めから仏である」という「如来蔵思想」にもとづいている仏教である。

　大乗仏教では一般凡夫の修行者を菩薩としていて、なおかつすべての人が釈迦と同じ悟りに到達できるとしている。菩薩の観念をめぐって、出家を基本とする初期仏教と大乗仏教に大きな差異が現れた。大乗仏教の菩薩は誰でも菩提を求めて六波羅蜜修行をすれば悟りを得ることができ、出家在家を問わず、大乗仏教徒は自らを菩薩と呼んだ。自らを菩薩と認識し、日常の善行を積むことによって仏陀を目指すのである。大乗仏教における菩薩の基本的立場は「上求菩提、下化衆生」といわれる。上には悟りを求めて常に己を向上させていく、そしてその悟りをもって衆生を教化し、悟りに至らしめるということである。徹底した「利他行」に励むことで、結果として自分が成仏することができるので、利他がやがて自利となるのである。つまりおもてなしをする主人と客人には立場の違いは存在せず、他人を利することはすなわち自分を利するのである。大乗仏教の菩薩の基本的立場は「自未得度先度他」といわれる。菩薩は自ら悟りの境地である彼岸に渡らなくても、他者を先に彼岸に至らせるということである。つまり、大乗の菩薩は自分の利益に優先して他に利益を与える「利他行」が根本的な特徴である。日本のおもてなし文化の源流に大乗としての禅宗文化があり、その源流には大乗の菩薩行がある。

　日本のおもてなし文化の根底は「菩薩行」なのである。つまり、おもてなしは自分が一方的に与えたり、一方的に受けたりするものでなく、主客未分離の円環の中にある。それがおもてなしなのであり、「サービス」概念との差である。もてなすとは表裏なし、一期一会の心で相手を接待する行為である。「サービス」は対価を伴い、受ける側と提供するものに立場が分かれる。おもてなしには対価がなく、亭主と客人が一体となって行うもので、主従関係ではなく、主客対等だ。また不特定多数に提供されるものサービスと違い、おもてなしはある特定の相手に、心と心を通じて提供されるものである。一方的な行為や言葉を相手に押し付け、自己満足のために提供するのはおもてなしではない。

まとめ

　宗助の禅寺での振る舞いは「参禅」することで何かが与えられる、自らはもてなしを受容する立場であるという態度だった。現代風に翻訳すれば、それは禅寺から悩める心へのケアという「サービス」を得ようとしたということになろう。しかし、禅寺はサービスを与えることを拒否し、代わりに主客対等の「おもてなし」をもって宗助を遇した。どちらが近代人の心の救済に役立つのか。作者の漱石は、近代という時代を生きなければならない宗助と、当時すでに「過去のもの」となりつつあった伝統的な世界との遭遇を『門』の中に書き込んだ。これを読んだ当時の人々は宗助、宜道どちらの立場に自らを重ねたのだろうか。

　もてなしを受けることは対価によって得られるものでなく、お互いにとって善となる場合に成立する無償のものである。禅寺で様々なもてなしを受けながら、それがもてなしであることに気づけない。自ら相手に接近することではなく、自分の求めている「腹痛の薬」を与えられないことを嘆き、さらに悩みを深めてしまう、そんな近代人の隘路を宗介は表している。そこからわれわれは、人と人とのかかわりを「サービス」としてとらえるか「おもてなし」として見直すかの岐路に立たされる。「禅のおもてなしと近代人」のすれ違いををを見ることで、私たちはようやく「おもてなしの門」をくぐることができる。

【注】
1）鈴木大拙・北川桃雄訳（2005）『対訳　禅と日本文化』講談社、p.11.

第5章

おもてなしの地域マーケティング論

佐々木　茂

　地域全体でのおもてなしは、旅館などの一観光事業者が単独で提供するサービスだけでなく、多様な事業者や個人の行為が組み合わさってその地域ならではの特長が形作られていく。その行為は、地域全体で提供されミックスされて、ある時点で来訪者と接する中で表象化する。したがって、提供する側一人ひとりの心がけに加え、受け手の受け止める力（理解力）によってもおもてなしへの評価は変化する。

　こうした問題意識の下、本章では、地域マーケティングについて、地域内の関係性に焦点を当て、その根幹となる関係性マーケティングに触れることとする。その上で、地域ブランドを構成する要素間の関係性について検討する。

　次に、地域において様々な機関が連携しておもてなしを提供する地域エコシステムの視点について考察する。まずは、地域の中の紐帯を司るソーシャル・キャピタルによって形成される地域エコシステムと、その中でキー・ストーンとなる旅館、美術館、そして DMO が中心となって形成される地域全体でのおもてなしを考えることにする。

第1節　地域マーケティング論について

　本節では、その地域ならではのおもてなしを実行するための地域マーケティングについて、関係性マーケティングの視点と地域ブランドの構成要素の視点から検討しておくことにしよう。

(1) 関係性マーケティングの視点

　マーケティングは、近年、従来の交換型の取引から、より長期的な企業間の関係性に重きを置いた関係性マーケティングが中心的なアプローチとして位置づけられるようになってきている。

　この中でまず、顧客は、マーケティング活動にとって最も重要な焦点分野といえる。現代では、必ずしもマーケティング活動を取引マーケティング―新規の顧客の獲得を重視―に向けるのではなく、長期的な顧客との関係性を形成することにより多くの投資を行う必要がある。

　顧客進化という考え方があるが、これは、見込み客→顧客→得意客→支持者→代弁者→パートナーという段階を経て、顧客が自社に対して、ロイヤルティを高めていくことで、親密度が高まるステップを示している。

　支持者のレベルは、企業に対して改善提案を行うレベル、代弁者はさらに口コミを積極的に行う主体となり、製品開発やビジネスの改善に貢献する（井関、1996）。そのうちの少数は、企業とともにビジネス機会を発掘し、企業活動の一部を積極的に担うことで、パートナーの位置に達する。

　図表5-1の関係性マーケティングを構成する7つの市場について見ていくことにする。この7つの市場は、A. Payne（1995）の6つの市場に筆者が紹介者市場を加えた視点である（佐々木茂、2003）。

　紹介者市場とは、より信頼の置ける人や企業を媒介にする口コミが効果的に利用される市場である。たとえば、住宅を建てようとする場合、消費者が主として相談するのは住宅メーカーである。

図表 5-1　関係性マーケティングを構成する7つの市場

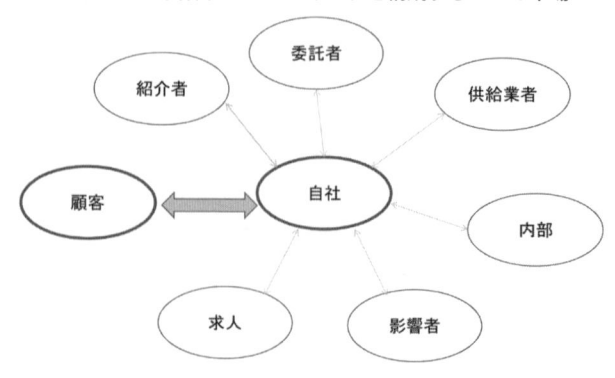

出所：A. Payne（1995）に筆者が加筆修正

　しかし、信頼できる建築家に依頼して設計図を起こし、工務店の選定も相談に乗ってもらうケースもある。この場合、工務店にとって、設計士が重要な紹介者市場ということになる。

　委託者とは、主として中間業者を指している。メーカーは、現在および潜在的な需要を認識し、マーケティング資源を委託者に効率的に活用してもらえるように計画を立案する。

　観光分野では、ツーリズム・レップ（tourism representative; 自治体の国際観光プロモーションを海外において当該自治体に代わって遂行する代行業務）にシティ・プロモーションを委託する。

　供給業者は、さまざまな企業と取引しており、自社とは異なる市場をターゲットにしていることもある。供給業者との関係性は常に修正の必要がある。これまで敵対関係にあった企業間でも、パートナーシップを形成することで市場を拡張できる可能性もある。

　企業内部については、従業員の職務満足度とコーポレート・ベンチャーの視点がある。社内で情報を共有化するためには、顧客との接点にいる従業員が有する情報（イノベーターとしての顧客の要望）をサービスやおもてなしや観光コンテンツ開発にどのように取り込んでいけるかが重要となる。

　影響者とは、ネットワークによる口コミや規制当局を含む企業の外部環境からの影響を指している。

　求人については、リクルートに訪れる人も将来は顧客になり得ることを意識した対応が求められる。

（2）地域ブランドの構成要素の視点

　前述の企業間の関係性は、地域のマーケティングにおいては、地域ブランドを構成する要素間の関係形成に応用することができる。

　青木（2004）によれば、農水産物・加工品のブランドを「送り出すブランド」、商業地・観光地・生活基盤のブランドを「招き入れるブランド」と位置づけ、各ブランドが創出すべき機能を次のように説明している。

- ・農水産物のブランド…価値担保システム＋産地的正当性・独自性
- ・加工品のブランド…原料等の正当性・差別性＋加工技術の独自性
- ・商業地のブランド…集積性・空間構成の差別性＋経験価値の提供
- ・観光地のブランド…自然・歴史・文化の差別性＋経験価値の提供

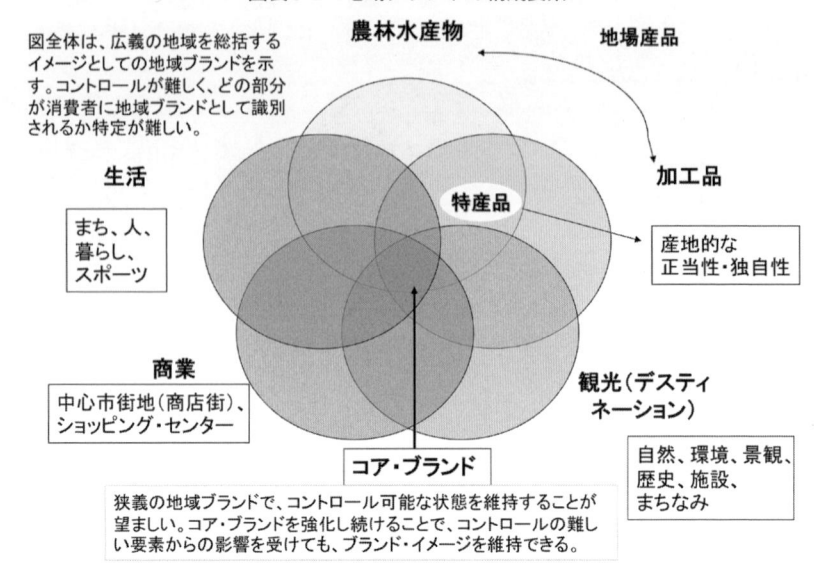

図表 5-2　地域ブランドの構成要素

図全体は、広義の地域を総括するイメージとしての地域ブランドを示す。コントロールが難しく、どの部分が消費者に地域ブランドとして識別されるか特定が難しい。

農林水産物

地場産品

特産品

加工品

産地的な正当性・独自性

生活

まち、人、暮らし、スポーツ

商業

中心市街地（商店街）、ショッピング・センター

観光（デスティネーション）

自然、環境、景観、歴史、施設、まちなみ

コア・ブランド

狭義の地域ブランドで、コントロール可能な状態を維持することが望ましい。コア・ブランドを強化し続けることで、コントロールの難しい要素からの影響を受けても、ブランド・イメージを維持できる。

出所：筆者ほか作成

　・生活基盤のブランド…生活インフラの差別性＋経験価値の提供

　上記の内、商業、観光、生活のブランドは、いずれも場所を対象としたブランドである。「集積性・空間構成の差別性」、「自然・歴史・文化の差別性」、「生活インフラの差別性」の創出には、他の地域と比較して優れている点や地域限定の個性、風土、地域らしさを強調していくことが求められる。地域の人間性といった観点も地域の個性であり、商業地ブランドの構築においては商習慣やおもてなしも差別化のポイントになる。

第2節　おもてなしの階層性について

　先日、地方の美術館で陶器の展覧会に立ち寄ったときのことである。著名な料理人が造作した素敵な作品ばかりが展示されていた。説明書きに目をやると、そのほとんどが「どうやって造られたか、製造工程の説明」に終始していた。

　たとえば、ユーモラスな形をした器の説明文には、不具合品に釉薬をかけ、鳥が首をかしげた形をしていると説明している。久松は、禅の美術観について不均斉、簡素、枯高、自然、幽玄、脱俗、静寂の7つの性格を挙げて説明する。

そのなかでも、いびつやひずみを表す不均斉について、生花や書における「真」「行」「草」に不均斉を当てはめて真よりも行、さらに行よりもむしろ草に当たる。つまり、真が歪んで崩れてきたものが草になってくると指摘している（久松、1976）。

このような禅の考え方に通じている人であれば、陶器の美しさ・面白さを楽しむこともできるが、はじめて観る人にとって一体どこがユニークな器なのか、この「どうやって造られたか、製造工程の説明」だけで理解できるとは思われない。

他の器の説明を見ていても、この料理人が好んだ食器で云々とあるが、なぜ好んだのか理由は説明されていない。マーケティングの視点からは、生産志向の説明というより外はない。

美術専門家によれば、この事例は一般的な日本の美術館、特に陶磁器系には多い展示法であるという。これは伝統的な展示だが、このままでははじめて観る人には本質が伝わりにくいのではないだろうか。

一方、欧米の西洋絵画の展示には作品が提供する価値を提示し、鑑賞者が価値を共有しやすい工夫が随所に見られる。最近では、AR（augmented reality：拡張現実、コンピュータを活用して情報を加えることによってより判りやすく見せる手法）を活用して、アートの持つ価値をより多くの価値観を持った人たちと共有しようという取り組みが増え、現代芸術のように容易に入り込むことの難しい領域にも鑑賞者を誘うようになってきている。

さらに、こうした視点でおもてなしを考察していくと、そこには、おもてなしの階層性といった視点も見えてくるように思われる。すなわち、前述の茶器や食器としての陶器の展示に立ち返ってみると、実は、こうした作品群は、初心者ではなく愛好者によって鑑賞されてきたものであるという位置づけである。

陶器の製作過程や原材料の品質や作品の構造などが説明されているだけで、一見すると、一体何が面白いのかと思いたくなるような解説だが、実は、価値が判っている人にとっては、こうした説明が求められているのかもしれない。

つまり、おもてなしは、相手の文化に対する造詣の程度によっても位置づけが変わるのである。むろん、マーケティングの観点からは、それだけでは、一向に次の市場が形成されず、やがては衰退の道を辿るという危惧を持たざるを得ない。したがって、いかに階層性が存在するからといって、そのままで良い

とは思われない。

　しかし、それはそれとして、作り手も鑑賞者側も同じような教養水準を有しながら、本質的な価値を体験できるというのは、究極のおもてなしなのではあるまいか。であるならば、おもてなしの階層性を想定して、最高峰の楽しみ方を維持しながらも、新たな市場を獲得するための取り組みも一方では必要であると考えられる。

　このおもてなしの階層性を前提とすると、地域内でのおもてなしを考えるときに、一人あるいは一企業あるいは一美術館だけで、階層性に対応できるわけではない。そこには、おもてなしを実現するための多様な連携が必要になるであろう。

第3節　地域エコシステムを観光の視点から考える

　そこで、本節では、地域の中で企業、団体、個人などをつなぐ関係性から、それらが有機的に活動を行いながら、持続的に事業を継続する姿について考えていくことにしたい。

(1) ソーシャル・キャピタル

　これは、特定の目的のために参加する人々の間での「信頼」を基軸として、相互の個人能力を認め合いながら連携する社会的関係性ととらえることができる（佐々木、2006）。

　ソーシャル・キャピタルがさまざまなネットワークをつないでいく。このつなぎ役を担う者には、次の役割が考えられる（Cohen, Prusak, 2003）。

　　①調整役やつなぎ役：外向的・友好的で、社交ネットワークの参加者同士のつながりを生み出すことに時間と労力を費やす役割

　　②橋渡し役：誰が何を知っているかという情報を社交ネットワーク外部のグループに広めるのが性格的に好きな人

　　③達人：社交ネットワークの任務や運営に関する特定の専門能力を磨き、他者にもそういう存在として認められている

　　④伝道者：社交ネットワーク内の新たなアイディアや人材、プロセスに関する「よいニュース」を宣伝し、他者の間に情熱を呼び起こす

　　⑤門番：社交ネットワークと外界との間で半透膜の役割を果たし、ネット

　ワークに出入りする情報の流れを制御する

（2）地域エコシステム

　新しい価値創造の実現に対して、人工物の開発・生産によって貢献する多様なエージェントの集合体をエコシステムという。ただし、現時点で人工物を提供していなくても、新しい価値創造に必要となる人工物について研究開発を行っている企業や機関などは含まれる（椙山、高尾、2011）。こうした集合体として、ベンチャー・ビジネスや彼らを育むインキュベーション施設も含まれると考えられる。

　また、顧客との価値共創（Prahalad & Ramaswamy, 2013）という視点では、それが、社交ネットワーク（柏木、2014）を通じて、地域内の観光資源を共有できる関係性にあれば、同様にエコシステムを形成していると考えられる。

　つまり、個別の企業内部や特定産業内のエコシステムから、地域内の多様な組織の連携も視野に入れたエコシステムが存在すると考えられるのである。

図表 5-3　ソーシャル・キャピタルをベースにした地域のエコシステム

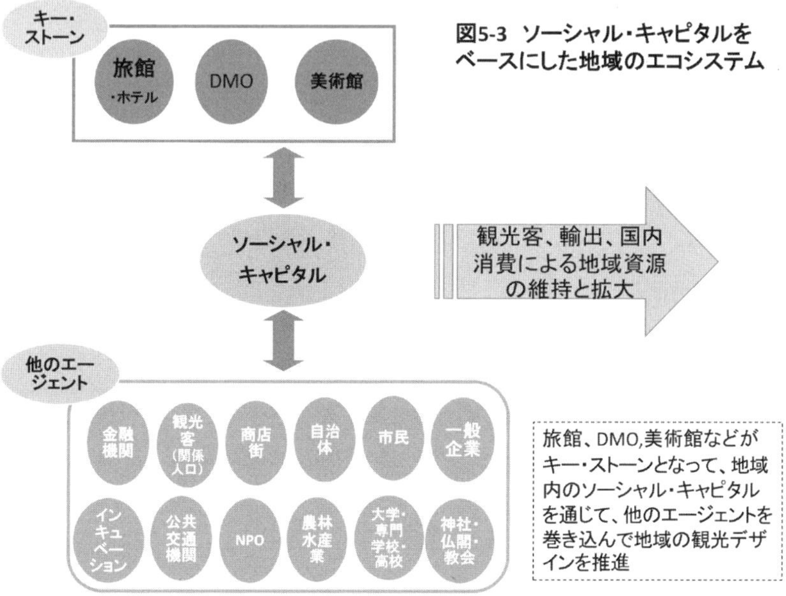

出所：筆者作成

(3) キー・ストーンを中心とする観光の地域エコシステム

　地域のエコシステムには、価値創造の実現に長期的に影響を与えるエージェント、すなわち、規制当局、標準策定団体、司法当局、教育研究機関などの集合体も含んでいる。こうした多様な利害の異なる組織間の調整が必要となる地域社会では、キー・ストーンなどの中核的エージェントの存在が欠かせない。

　つまり、価値創造の構想についての合意形成の困難さから、特定のエージェントが主導的な役割を果たすことで、エコシステムが形成されるのである（椙山、高尾、2011）。

　旅館、DMO[1]、美術館などがキー・ストーンとなって、地域内のソーシャル・キャピタルを通じて、他のエージェントを巻き込んで地域の観光デザインを推進する。すべてのエージェントのポジションは、地域の状況に応じて入れ替わる。

第4節　地域全体でおもてなしを実現する

　ある地域をはじめて訪れる人が、その地域の文化をより理解しやすくなるような文化変換の仕組みが有るか無いかによって、その地域におけるおもてなしに対する満足度が変わる可能性がある。

　それでは、地域の中で、どのような機関がこうした地域の理解を促す文化変換の役割を担うことが出来るのだろうか。

　そこで、本節では、地域を構成するステークホルダーの中から、旅館、ミュージアム、そして DMO をキー・ストーンと見なして検討してみたい。地域の実態に応じて、この主体は、図表 5-4 の多様なステークホルダー（他のエージェント）が担うことになる。

(1) 旅館の役割

　旅館をハブにして、各職人が顧客の健康や安心や幸福を念頭に置きながら、本物づくりを追求する。旅館が " よそ " から来た旅行者をもてなす道具が地域内の職人の手で作られたものやサービスであり、こうした道具を活用して、旅館が地域のブランド要素を維持し、持続させる結節機能としての役割を担うことになる。

　地域によっては、主体は旅館とは限らないが、旅館は旅行者に旅の多くの部

図表 5-4　地域の中で旅館がキー・ストーンの位置づけにある場合

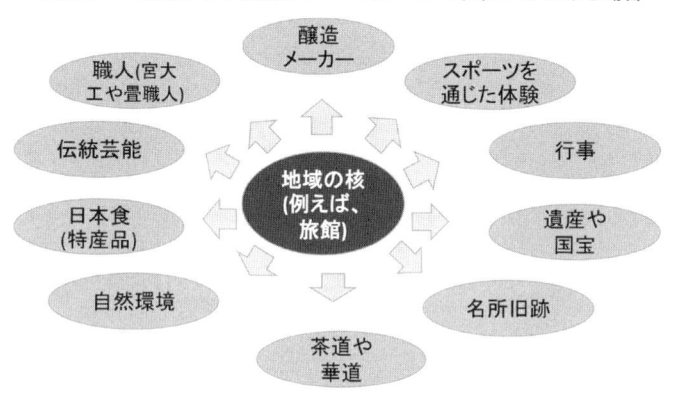

出所：筆者作成

分を提供するだけに、キー・ストーンとしての期待は大きいといえよう。たとえば、石川県山中温泉において、ラグジュアリー系の宿を営む「かよう亭」では、宿泊客の要望に応じて、山中塗りの職人や畳職人の工房を案内する。これを通じて、地域内の高品質の商材が旅行者に購入され、地域の産業の継続に貢献している。

　こうした商材は、ものづくりの現場を体験したい富裕層にも高評価を得るとともに、輸出されるものも出てきている。地域内の旅館がキー・ストーンとなって、内部資源を活用したおもてなしを旅行者へ提供することで、地域内の様々な事業が継承されるとともに、人材も育成され、産業が維持されるのである。

（2）美術館の役割

　ニューヨーク（NY）の美術館には、アメリカのアーティスト、関連産業、さらには経済全体の維持と発展のために、幅広い貢献の仕組みが存在する。

　この仕組みには、米国市民や外国人観光客の米国文化の理解を促進するもの、無名の芸術作品に価値を見いだすことによってブランド価値を創造するもの、そして、アートで培ったデザインやテクノロジーを産業に活用するものがある。MoMA はこうした美術館の代名詞のような存在である。

　このアプローチは、我が国に茶道が伝来することによって詫びという茶道の新しい規範意識が生まれ、中国・朝鮮の産地では高く評価されることのなかった禅画・禅書、茶碗・茶入れ・花器・水指・香合などの工芸品が、世界に誇る

に足る東洋独自の文化財をなすに至った（久松、1976）という、文化の新しい価値への変換が行われた姿にアナロジーできる。

　NYのミュージアムは、図表5-5に示されているような地域文化を支えるユニークで卓越したエコシステム特性を有している。

　一方、パリ郊外のAuvers-sur-Oiseのミュージアムでは、印象派のAR及び解説を行うことで、地域を訪れた人々に、ゴッホをはじめとして多くの印象派の芸術家が創作に取り組んだ場所で、彼らが創作に至ったストーリーを見せてくれる。つまり、ミュージアムが地域全体として観光客の体験価値を演出しているのである。

　アートは、観る人によって、興味の対象になることもあれば、ならないこともある。ところが、ARの活用は、アートの価値を単に見せるというよりも、ストーリーを解説しそのストーリー性に適した音響を重ね合わせることで、人々の幅広い興味を刺激することができる。必ずしも印象派に興味がないような団体客ですら、魅了されていく様子が興味深い。

　ゴッホをはじめ、印象派の画家たちがJaponismの影響を受けているという解説があり、日本人にとっては、かなり興味の持てるストーリー展開が構成されている。

図表5-5　地域の中でミュージアムがキー・ストーンの位置づけにある場合

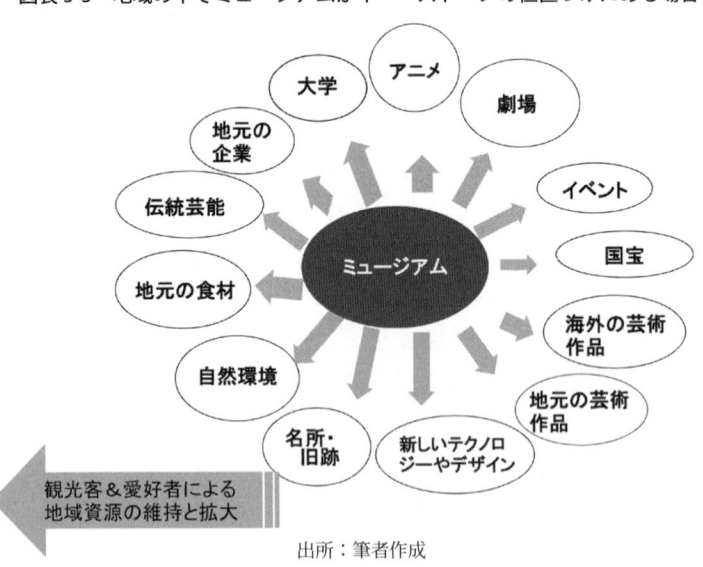

出所：筆者作成

　ある特定の地域の文化は、地域外の人にとっては、容易に理解でき、興味を
かき立てられるものばかりとは限らない。美術館は、こうした文化理解を促進
するというおもてなしを提供する機関の 1 つといえよう。

　美術館は、地域のキー・ストーンとして他の機関と連携しながら、地域の魅
力を高め、さらには他の産業分野への展開をも可能にしてくれるものとして期
待することができる。

（3）DMO への期待

　DMO の役割は、プロモーションや旅行商品の醸成・販売だけではない。地
域の物産開発からマーケティングまで、幅広い業務の担い手になることで、地
域発の国際化が総合的に推進され、ブランド・イメージが浸透する。

　フランス観光開発機構（Atout France）によると、DMO の役割は、プロモー
ションに注力することよりも、地域の資源を磨くことに予算を配分し、コンテ
ンツ開発を重視しているという。

　我が国を代表する観光都市岐阜県・高山市役所と飛騨高山観光コンベンショ
ン協会の協力の下で、展開されている地域の観光コンテンツの充実と地域内で
連携したおもてなしの有り様について紹介する（佐々木、2017）。

　同協会では、宿泊業者、飲食業者と行政、交通事業者、農業者など多様な関
係者が参画し、官民が密接に連携した運営が行われている。古いまちなみなど
の資源が残っていること、お祭という大きな神事が受け継がれていること、自
然を明確に感じることのできる場所であることが高山の強みである。

　高山市の海外戦略計画の 3 本柱は、海外からの誘客の促進、海外への物産販
売の促進、海外との交流の推進である。海外誘客については、言語対応として、
パンフレットを 8 か国語で、マップを 10 か国語で、インターネットを 11 か国
語でそれぞれ情報提供している。

　また、最近では、観光客はインターネットから情報収集するため、エージェ
ントよりも情報を持っていることも少なくない。そこで、高山の案内をできる
だけ多言語化して、JNTO を通じて各国に配布してもらうことで、効果的に誘
客を図っている。

　コンベンション協会では、自主的な活動を通じて収益を上げ、その資金を活
用してさらに新たな取り組みにチャレンジしている。市内で約 30 事業者（宿
泊施設、土産物店、旅行代理店、金融業、交通事業者）が会員になっている。

これまでの取り組みが奏功して、パンフレットの外国語版作製に加えて、海外でのイベントの際に同行する市内事業者が増加している。

　言葉の問題や習慣の違いはあっても、100％相手に合わせるのではなく、20％ほど合わせて、後は柔軟に対応する。朝市の売り子は、挨拶の言葉は多言語で覚えておいて、後は身振り手振りで説明し、その都度、重要な表現はメモに書き留めて、早速、次の観光客に応用している。

　Trip Advisor で外国人が選ぶ日本のレストランでトップにランキング（2015）された「平安楽」では、お客の要望に応えながら、食事制限や習慣の異なる観光客でも食べられるメニューを提供する。きめ細かい対応が積み重なって高山のおもてなし文化が世界に伝わり、拡がっている。

まとめ

　高山市では、地域の外から見た美しさの評価を、地域の人々が雑誌「暮しの手帖」を通じて知ったところから本格的な観光の取り組みが始まっている。

　このことからわかるのは、客観的な価値を地域で共有することの大切さではないだろうか。これに加えて、高山市役所と飛騨高山観光コンベンション協会との連携という地域マーケティングに不可欠なエージェントの関係性、そして、地域ブランドを構成する多様な関係者による協力といった地域の観光を中心とするエコシステムが、国際市場という厳しい競争環境の中で、姉妹都市との連携も行い、外部の評価システムも取り込みながら進化している姿でうかがえる。

　おもてなしは、市民、観光事業者、市役所が単独で実行できるものではない。一人でも一社でも多くのステークホルダーを巻き込んでいくダイナミズムを意識したエコシステムの形成が、それを可能にしてくれるのではないだろうか。

【注】
1 ）DMO とは、Destination Management/ Marketing Organization の略で、観光を通じた地域経営のあり方を問う考え方である。地域のさまざまな事業者の共同体としての DMO（行政、商工業者、交通事業者、市民、農林漁業者、飲食業者、宿泊業者など）が観光によって付加価値を向上させ、多様な関係者の合意を形成し、観光地域づくりに向けた戦略を策定・実行する活動を指している（観光庁 2018, http://www.mlit. go.jp/kankocho/page04_000048.html, 参照 2019.0222 取得）。日本では、プロモーションに力点が置かれているが、フランスをはじめとした観光先進地域では、プロモーションだけでなく、観光を通じた地域資源の開発に重点が置かれ、地域におけるマーケティング・ミックスがより重視されている。

▶第6章

おもてなしの経営論

佐々木一彰

　昨今、IT系をはじめとするベンチャー企業がもてはやされている。確かに新しい技術、コンセプトを用いた新しい企業が生まれるという事は非常に重要なことであるが、それらの企業が生まれて数年で消滅してしまった場合、社会的には大きな損失であると考えられる。つまり企業の存続と永続を考えなければならないということである。したがって、本章においては100年以上継続している企業、つまり、永続している企業（老舗企業）が世界で一番多い日本においてどのようなホスピタリティ戦略をとってきたかについて経営戦略論的観点より検討することとしたい。具体的には第1節で経営学におけるおもてなし（ホスピタリティ）の理論についての位置づけについて検討し、第2節では経営に活かせるホスピタリティ理論について経営戦略論的観点より検討し、第3節においては永続企業（老舗）のホスピタリティ経営について海外における永続企業の評価と日本における「商人道のあり方」の観点より検討を行い、第4節では老舗ホスピタリティ企業におけるホスピタリティ経営論を超永続企業が多い宿泊業を対象に検討し、最後にそれらをとりまとめることとする。

第1節　経営学におけるおもてなし（ホスピタリティ）の理論

　企業は様々な利害関係者（stake holders：ステークホルダー）の要望にバランスよく応えながら企業を存続させてゆかなければならない。企業を取り巻くステークホルダーは具体的に、以下の図表6-1のような存在が考えられる。
　そして、それぞれのステークホルダーは、企業に対して異なったことを要求することになる。たとえば、企業はその株主からは高い配当と、その株式会社

図表 6-1　企業を取り巻く利害関係者（Stake Holders：ステークホルダー）

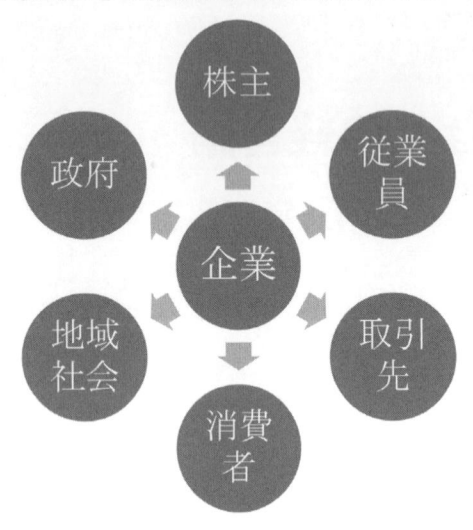

出所：筆者作成

が上場していれば高い株価を保つことを要望される。従業員からは高い給与と良い働く環境を、取引先はより自身にとり有利な取引条件を、消費者は安く良い財サービスの購入を、地域社会はその企業が存在する地域からの財、サービス、雇用を望んでいる。そして、政府は主に税収を望んでいる。

　このように、企業を取り巻くステークホルダーが企業に対して望むものはそれぞれ異なる。前述したように、企業は、様々な利害関係者（stake holders：ステークホルダー）の要望にバランスよく応えながら企業を存続させてゆかなければならない。これは、企業が完全に社会から孤立して存在しているわけではなく、「ステークホルダーの中にのみ存在する」ということを意味する。

　ただし、各ステークホルダーが企業に望むことは異なり、場合によっては双反することが存在する。たとえば、「株主」としては「従業員」の給与を下げその分を配当に回すということも望むかもしれない。

　また、各ステークホルダーの企業に対する要望も時間が経つにつれて変化するという事も考えられる。たとえば、地域社会は、昔であれば企業にその地域の財、サービスを購入してもらい、その地域の人を雇用してもらえば良かった。だが、近年では、企業が地域社会にもたらずかもしれない環境問題が、非常に大きな関心事になっている。

　したがって、前述の事実より企業が存続してゆくためには、利害が相反するステークホルダー間の調整を「管理：マネジメント」しなければならない。そして、時間の経過により変化する各ステークホルダーの要請にも応える必要もある。

　前者のステークホルダー間の調整は、文字通りマネジメントの問題であり、後者の問題は環境が異なれば有効なマネジメント理論は異なるというコンティンジェンシー理論の問題であるとも考えられる。

　そして、全体としてみた場合、企業の環境適応という観点からすると企業戦略の問題と解釈することができよう。企業が適切に環境適応できた結果として存続し続けることができるわけであり、永続する企業は、その「経営戦略」が有効であったことを示している。

　本章第 3 節で詳述するが、日本及び世界では 100 年以上継続している「永続企業」が数多く存在している。そして、日本ではその永続企業の数が、世界のどの国と比較しても非常に多い。

　それら日本の「永続企業」（一般的には「老舗企業」と言われることも多いが）の経営戦略（この場合ではステークホルダーマネジメント）の核に、広義の意味での「おもてなし戦略」つまり「ホスピタリティ戦略」があると筆者は考える。そこで、次節では、その理由を理論的に説明したい。

第 2 節　経営に活かせるホスピタリティ理論の考え方

　ホスピタリティは一般的には「おもてなし」と解釈されているが、それは「ホスピタリティ」のごく一部分の意味をとっただけでしかない。ホスピタリティに関する研究は近年急速に進んでおり、さまざまな学問的アプローチがとられている。

　一方、第 1 節で述べたとおり、企業の継続性、永続性のためには、経営戦略が必要である。そして、本章は、その戦略のなかで、「ホスピタリティ戦略」の重要性を主張するため、ここでは「ホスピタリティ：おもてなし」を、経営戦略論的アプローチから考察する。

　経営戦略論的アプローチをとる場合、どの戦略論的アプローチを採択すべきかについて本章は、企業組織の中の様々な構成員の相互作用によって経営戦略が生み出されるという組織論的アプローチを用いる。

図表 6-2 VRIO フレームワーク（企業内部の強み・弱みを資源に基づいて分析する際に発すべき4つの問い）

| 1. 経済価値 (Value) に関する問い |
| その企業が保有する経営資源やケイパビリティは、その企業が外部環境における脅威や機会に適応することを可能にするか。 |
| 2. 稀少性 (Rarity) に関する問い |
| その経営資源を現在、コントロールしているのは、ごく少数の競合企業だろうか。 |
| 3. 模倣困難性 (Inimitability) に関する問い |
| その経営資源を保有していない企業は、その経営資源を獲得あるいは開発する際にコスト上の不利に直面するだろうか。 |
| 4. 組織 (Organization) に関する問い |
| 企業が保有する、価値があり稀少で模倣コストの大きい経営資源を活用するために、組織的な方針や手続きが整っているだろうか。 |

出所：Barney, J.B.(2002)、p.250、表 5-1 を用いて筆者作成。

そのなかでもオハイオ州立大学のジェイ・B・バーニー教授が提唱した図表 6-2 の VRIO フレームワーク（企業内部の強み・弱みを資源に基づいて分析する際に発すべき4つの問に答える）を本節では適応し検討する（佐々木、2011：56）。

図表 6-2 のフレームワークに対する永続企業の問に対する回答として、「1. 経済性」、および「4. 組織」に関する問いに対して、永続企業は強い「経営理念」を軸として、その軸をずらさずに環境適応することを指摘できる。

一方、「2. の希少性」および「3. の模倣困難性」に関しては、逆説的になるが、「企業がこれまで継続してきたこと」がその希少性および模倣困難性を示すことになる。

戦略面では、このような VRIO フレームワークを適応し分析することが可能であるが、ホスピタリティに関して本節は、相互交流の観点より取り扱いたい。

具体的には、その相互交流の理論のなかもエリック・バーン（Berne, 1964）のトランザクション分析（Transaction Analysis）を適応し、永続企業をホスピタリティの観点から分析する（佐々木、2011：57-59）。

バーン（1964）は、それぞれどのような人にも「親の自我」「大人の自我」「子どもの自我」が存在し、それがときにより強く出たり、弱く出たりして各個人間で相互交流がなされるとした。本節では、それを組織間の相互交流まで拡大

図表 6-3　永続企業の相互交流分析

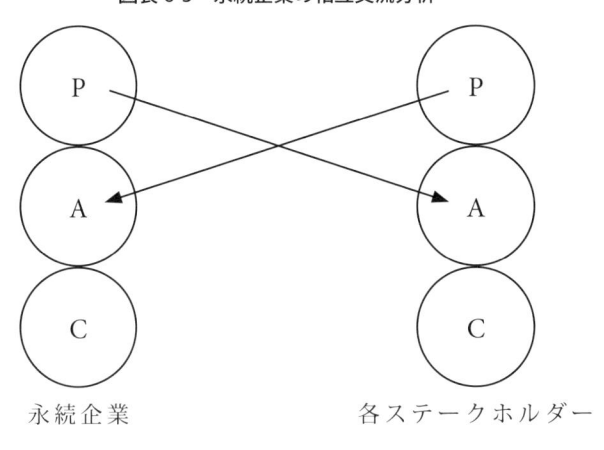

永続企業　　　　　　　　　各ステークホルダー

＊P(親の自我)A(大人の自我)C(子どもの自我)――――――▶は刺激と反応
出所：南博訳（1967）、40頁の第3図をもとに筆者作成。

することとする。

　図表6-3は、永続企業とそのステークホルダーとの相互交流に、トランザク
ション分析を適応して分析したものである。これによると、永続企業の親の自
我から永続企業をとりまくステークホルダーに対して、彼らの要請に十分以上
にこたえる働きかけが行われ、各ステークホルダーからは永続企業に対し、信
頼や愛顧や尊敬の念を抱くということが矢印の方向に示されている。

　佐々木（2011：155）は、ホスピタリティを「相互交流を行い相互が納得し、
満足し、信頼関係を築き、その行為を通して何らかの価値を創造すること」と
捉えているため、この図表6-3の永続企業と各ステークホルダーのあいだには
相互交流が生まれ、ホスピタリティが促進されていると解すことができ、永続
企業はホスピタリティ戦略を実践しているといえる。

第3節　永続企業（老舗）のホスピタリティ経営

　ここでは、永続企業（老舗企業）を、「100年以上継続している企業」と考える。
おおよそ江戸時代から明治という大きな制度の変革や数多くあった経済恐慌を
生き抜き第二次世界大戦を乗り切るまでの期間を鑑みたためである。

　その100年以上続いている企業の数は、世界と比較して非常に多い。永続企

業の研究者である後藤（2017：3）によれば、100 年以上継続している企業の数は第 1 位は日本であり 25,321 社、第 2 位は米国であり 11,735 社、第 3 位はドイツであり 7,632 社である。

　企業を継続、永続させるということは、IoT 関連企業の起業、M&A がもてはやされる昨今、重要性を持たないという考え方もあろう。だが、必ずしもそう断言できない。

　現在、脚光を浴びている IoT 関連の企業にしても、それらの企業を「永続」とまではいわないが少なくとも「存続」させてゆく必要はあり、そのためには 100 年以上永続してきた企業をベンチマークする必要はあると考えられるからである。

　永続企業を高く評価する傾向は、日本だけのものではない。たとえば、フランスでは、エノキアン協会（The Henokiens Association）が有名である（エノキアン協会 HP 参照：The henokiens）。

　これは、200 年以上継続しているファミリー企業の協会で 1981 年に 365 年以上生きたと言われているエノック（Henok）大司教の名前にちなんで創立された。

　この協会の入会条件として、200 年以上継続していることに加え、創業者の一族が資本面において深く関与していることおよび経営面においても深く関与していることがある。そして、財務的に健全で時代に即した経営を行っていること等を条件としている。

　この協会は現在、48 企業がメンバーとなっており、12 社がイタリア、14 社がフランス、9 社が日本、4 社がドイツ、3 社がスイス、2 社がオランダ、2 社がベルギー、1 社がイギリス、1 社がオーストリアとなっている。日本から参加している企業は、以下である。

- 「法師」（717 年創業、温泉旅館業）
- 「株式会社虎屋」（1600 年創業、和菓子製造販売）
- 「月桂冠株式会社」（1637 年創業、酒造業）
- 「岡谷鋼機株式会社」（1669 年創業、鉄鋼等商社）
- 「ヤマサ醤油株式会社」（1645 年創業、しょうゆ等製造販売）
- 「材惣木材株式会社」（1690 年創業、木製品の製造・販売）
- 「山本山」（1690 年創業、お茶、海苔等の製造販売）
- 「株式会社赤福」（1707 年創業、和菓子製造・販売）

　・「中川政七商店」（1716 年創業、麻織物等製造販売）

　なお、2018 年と 2019 年は日本の岡谷鋼機株式会社の岡谷篤一代表取締役社長がエノキアン協会の会長をつとめている。

　このように、世界でも企業の永続は評価されており、日本の永続企業も存在感を持っている。そして、末永國紀（2004）をはじめとする多くの研究者は、日本における「商人道」の存在が企業の存続に影響を与えてきたと指摘している。

　江戸時代、商人は「右からきたものを左に流す」だけで利を得ていると評価されないことが多いと言われていた。しかしながら、「武士には武士道があるように、商人には「商人道」があり、商人の利益は社会に誠実に向き合い貢献した結果によるものであり、なんら恥ずべきものではない」と石田梅岩は彼が創始した石門心学の中で主張した。

　この「商人道」の考え方が、永続企業のあり方に大きな影響を与えたことについては想像に難くなく、同時に、中世に活躍した近江商人が「商い」を行う際にバックボーンとなった「三方よし」の思想、つまり「売り手よし」「買い手よし」「世間良し」という思想も永続企業に大きな影響を与えたものとして考えられる。

　つまり、「商人道」のあり方は日本の永続企業に対して「社会に対して誠実に向き合う」という経営理念につながり企業行動に規律を与え、「三方良し」の思想は日本の永続企業が各ステークホルダーの要請に誠実に応えることにつながり、その結果、日本の永続企業の数が諸外国に比べて多いと考えられる。

　これは、本章第 2 節で述べた経営戦略の VRIO フレームワークのなかにおける「1. 経済性」と「4. 組織」に関する問いに対する回答である強い「経営理念」のバックボーンとして「商人道」が存在し、永続企業と各ステークホルダー間の相互交流を通じて各ステークホルダーに対して永続企業は「三方よし」の思想で向き合い、その結果として各ステークホルダーより信頼や愛顧、尊敬の念を抱かれていることを示している。

第 4 節　老舗ホスピタリティ企業におけるホスピタリティ経営論

　日本は世界で一番多く永続企業を擁している国であることは前節で述べたとおりである。そのなかで創業 800 年を超える超長寿企業も、帝国データバンク

（2009：53）によれば、12社存在している。その12社のうち半数が、ホスピタリティ産業に分類される温泉旅館である。

　前節でエノキアン協会を紹介したが、そのエノキアン協会に所属する「法師」もその800年以上続いている企業のうちの1つである。当然のことながら、ホスピタリティ産業に属する温泉旅館は「ホスピタリティ」の促進を行い、広義の意味でも狭義の意味（おもてなし）でもホスピタリティ戦略を十分検討し、実行しなければならない。

　ホテル（Hotel）、ホスピタリティ（Hospitality）、ホスト（Host）、ホステス（Hostess）はラテン語に語源を持つものであり元々は同じものであった。旅人が宿泊する場所がホテル（Hotel）であり、そこでその旅人をもてなす（Hospitality）男主人がホスト（Host）であり女主人がホステス（Hostess）であり旅人が病気になればその場所は病院（Hospital）になりうるからである。

　温泉旅館はかつて、治療施設、いわば医療機関としての側面を色濃く持っていた。傷を負ったり病を得た場合には医療技術の発達がなされていなかった時代に、温泉は医療施設としての機能を果たしていた。

　そして、治療期間がある程度長期にわたった場合、当然ながらその温泉には宿泊施設を併設することになり、その宿泊施設が温泉旅館として永続してきたのが「法師」をはじめとする超永続企業である。

　文字どおりホスピタリティを忠実に実践してきたのが、日本の超永続企業の半数を占める温泉旅館である。そのため、この温泉旅館の永続手法は、他業態の企業にとっても大いに参考になると考えられる。

　さらに、温泉旅館には前述したように、800年以上継続している超長寿企業が日本に6社存在している。このように、日本には長寿を享受する温泉旅館が多数ある。だが、当然のことながらすべての温泉旅館が永続しているわけではない。

　飯嶋ら（2012：69-70）は、宿泊業の永続要因を図表6-4のように示している。この図表から、超永続企業の半数を占める温泉旅館の特質についてホスピタリティ戦略の重要性と共に日本独自の要素、②独自性、および⑤暖簾の継続、の要素が重要であることが見て取れる。これらの要素は他の業態にとっても企業の永続のために考慮すべき要素ではないであろうか（佐々木、2013：45-47）。

図表 6-4　宿泊業の永続性要因

①必需性
医療の技術が発達していなかった時代には温泉は医療施設としての性格が現在よりもはるかに重要視されており病気、怪我などの治療に大きな役割を占めていた。現代でもその「療養」という性格はかなり色濃く残っている。また、軍事的な目的、通商的な目的より交通手段が現在ほど発達していなかった時代においては安全な宿泊場所が必要不可欠であった。
②独自性
温泉旅館は日本ならではのシステムであり、日本ならではの狭義の意味でのホスピタリティ（おもてなし）を提供している。例えば部屋を少し開けている時間に布団を敷き、部屋に食事の用意をしておくなどのシステム等がそれにあたるかもしれない。
③価格の安定性
需要の価格弾力性の小さいものを提供している。治療、療養目的よりある程度の期間滞在する際には①の必需性と相まって価格弾力性は大きくなかったことが想像される。
④市場独占性
温泉旅館は当然のことながら温泉が湧き出るエリアに建設されるわけでありそのエリアでは競争が制限される。また、宗教や時の権力者の権威と結びつき一種、ブランド化される場合もあった。
⑤暖簾の継続
日本の家制度により何世代にもわたって「暖簾」が継続されてきている。

出所：飯嶋寛一ほか（2012）、pp.69-70 を用いて筆者作成。

まとめ

　企業は、適正な利潤を得て存続する必要がある。現在の企業が一般社会に及ぼす影響は、かつてないほど大きくなってきているからである。しかし、企業はそれ単独では社会に存在しえない。

　むしろ、当該企業を取り巻くさまざまなステークホルダーの要求に応えてなければならないが、それらの要求は相反することも多く、時代によりその要求される内容も異なる。

　そこで、各ステークホルダーの要求に適宜応えるためには、広義の意味での「おもてなし戦略」、つまり「ホスピタリティ戦略」が必要ではないかと考える。

　企業の寿命は 30 年と一昔前には言われていた。しかし、日本は、世界で一番 100 年以上継続している企業の数が多い国である。その日本で 100 年以上継

続している企業が多い理由について本章は、「ホスピタリティ戦略」が重要な役割を果たしているのではないかと主張したい。

　それは、「相互交流を行い価値の創造を行う」というホスピタリティの考え方は、100年以上継続している企業が行ってきたことそのものであるのではないかということである。具体的には、その企業を取り巻く各ステークホルダーに対して企業がCSR（Corporate Social Responsibility：企業の社会的責任）的な観点より責務を果たしてきたのではないかということである。

　つまり、企業の永続、換言すれば、「企業の生き残り」には、広義の意味の「おもてなし戦略」、つまり「ホスピタリティ戦略」が必要だということである。新しい経営理論や経営戦略論は、IoTを活用した企業活動にとって必要なものである。だが、企業の継続、永続という観点からみれば、永続している企業の「ホスピタリティ戦略」がより重要になると思われる。

▶第7章

おもてなしの会計論

吉岡　勉

　「おもてなし」をどうとらえるかについては、諸説ある。しかし、会計というスタンスで「おもてなし」を解釈すれば、それは収益獲得（および増加）の源泉、各種の費用を要する行為または有形無形のモノといった見方になる。

　ヒトによる「おもてなし」であれば、それにより顧客が喜ぶことでクチコミにつながり、来客数の増加をもたらすかもしれない。一方でそれは、人件費という費用を要する。また、「おもてなし」がヒトによるものだけではなく、いわゆる「しつらえ」によってももたらされるのであれば、各種の設備が顧客を喜ばせ得るとともに、設備投資に伴う費用が発生することになる。

　この章では、「おもてなし」を会計という側面からとらえる。この見方により、単に「おもてなし」を提供すればよいというわけではないという点、また、いかに「おもてなし」により企業の活動目的（の1つ）である利益獲得を実現するかという点を詳述したい。

第1節　貸借対照表にみるおもてなし

　貸借対照表とは、「一定時点現在の財政状態を明らかにする財務表」または「一定時点現在において企業の資金調達源泉と資金運用形態がどのような状況になっているかを明らかにする財務表」である（広瀬，2015：156）。

(1) 資産
　貸借対照表における資産の構成要素はおもに、現金および預金、債権（受取手形や売掛金）、有価証券（売買を目的とする他社株式や国債など）、棚卸資産（各

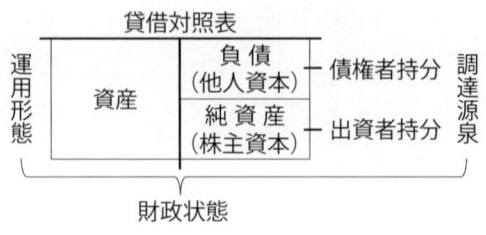

図表 7-1 貸借対照表

出所：広瀬（2015：156）を用いて筆者一部修正。

種在庫）といった流動資産、建物、機械装置、車両運搬具、備品、土地といった固定資産が含まれる。これらについて貸借対照表の「資産の部」には、ある時点（たとえば決算日）における保有高が一覧化されている。

では、「おもてなし」と貸借対照表の資産がどのように関連するのであろうか。たとえば、宿泊施設における固定資産は、顧客への「おもてなし」の要素として重要である。ホテルの FFE（Furniture：家具、Fixture：什器、Equipment：備品）にどのようなものを選定し設置するかは、顧客の滞在体験に大きな影響を及ぼす「おもてなし」そのものといえる。

また、送迎に車両運搬具（バスや自動車）を用いるのであれば、どのような車両を用いるか、何台の車両を用意するかは、顧客の利便性を左右することになる。立地条件も重視されることから、固定資産に含まれる土地も重視すべき点といえるだろう。単にアクセスしやすい場所を選定すればいいというわけではない。ターゲット市場となる顧客層が、どのような滞在体験を望んでいるかによって、場所（つまり土地）の選定は異なるはずである。

レストランでも同様である。立地、テーブルやチェアといった備品、送迎サービスを行うのであれば車両は、顧客の滞在とそこで得られる印象そのものに影響を及ぼす。さらに、各種調理器具は、提供される料理に影響する。必要かつ十分な備品を有することが不可欠なことは、いうまでもない。

このように考えるならば、「おもてなし」とは、企業の資産によって提供されているということができよう。資産とは「（1）企業などのある特定の経済主体に帰属する、（2）将来の経済的便益であり、かつ（3）貨幣額で合理的に測定できるもの」である（広瀬，2015：162）。このうち特に（2）にあるように、資産は「将来の経済的便益」をもたらす、企業の財産なのである。

（2）負債

　貸借対照表における負債の構成要素はおもに債務（支払義務；支払手形や買掛金、借入金）であり、資産を減少させる性質をもっている。たとえば借入金を返済すれば、資産である現金を減少させることになる（広瀬，2015：304）。

　では、「おもてなし」を広義にとらえ、企業のステークホルダー（利害関係者）に対して提供されるものであるとすれば、貸借対照表の負債も「おもてなし」に関係することになる。つまり、自社の債務に対応する債権者（借入金であればおもに金融機関、支払手形や買掛金であれば仕入先など）への約束どおりの返済や支払いは、それら債権者との良好な関係性を維持し取引を継続するための「おもてなし」ということができよう。

　また、前述の資産を保有するために負債が発生することがある。ホテルにおける FFE や車両運搬具を新たなものと入れ替えたり、新しいホテルを建築するための土地を取得したりする際に、手持ちの資金で足りない場合は借入金により資金を融通することがあり得る。

　このケースにおける負債の発生は、「おもてなし」をより良いものとするため、また、より多くの「おもてなし」を提供するための原資といえる。企業経営において何らかのアクションを起こすためには、ほぼすべての場合において資金が必要となる。その資金をどのように調達するか、そして調達した資金をいかに自社のビジネスに投資するかは、企業経営の根幹といえる重要事項である。つまり負債は、「おもてなし」の提供において欠くことのできない要素といえる。

　なお、企業経営において負債の発生はいわば当然のことである。詳述は避けるが、ファイナンス理論においては債務（借入金）の有無が、企業価値に影響するといわれている。すなわち、ある程度の借入金があることが、企業価値の向上をもたらすというのである（詳細は長谷川・吉岡・徳江（2014）参照）。

　それゆえ、企業の所有者ともいえる株主への「おもてなし」を勘案するのであれば、金融機関からの借入によってビジネスへの適切な投資を進め、事業を拡大することが、株主価値および企業価値を向上させ得るのである。

（3）純資産

　貸借対照表における純資産の構成要素はおもに、株主資本（資本金、資本剰余金、利益剰余金）およびその他の純資産である（広瀬，2015，343-344）。たとえば新株発行により資本金を増加させ（増資し）、その増加分を現金で受け

取るというのであれば、資産である現金を増加させることになる。

では、負債と同様に「おもてなし」を広義にとらえ、企業のステークホルダー（利害関係者）に対して提供されるものであるとするならば、貸借対照表の純資産も「おもてなし」に関係することになる。

つまり、自社の株主資本に対応する出資者（株主）への配当は、純資産の部において重視される利益剰余金をその源泉とするからである。つまり、配当の支払いは、それら企業のオーナーである出資者との良好な関係性を維持し取引を継続するための「おもてなし」ということができよう。

また、前述の資産を保有するために増資によって資金を調達するとするならば、その増資分は「おもてなし」をより良いものとするため、また、より多くの「おもてなし」を提供するための原資といえる。

第2節　損益計算書にみるおもてなし

損益計算書とは、「一事業年度のフロー情報である経営成績（operating result）を示す」財務表である（広瀬，2015：447）。

(1) 収益

損益計算書の収益とは、「営業活動によって生み出された成果」（広瀬，2015：27）であり、「増資その他の資本取引以外の企業の主たる営業活動その他の活動の結果もたらされる純資産の増加分である」（広瀬，2015：457）。

ここでいう「純資産の増加分」とは、損益計算書において計算される当期純利益（別称、最終利益、ボトムラインなど）は貸借対照表の純資産に組み入れられることになるとの意味であり、収益の増加は「収益－費用＝利益」との算

図表7-2　損益計算書

損益計算書		損益計算書	
費用	収益	費用	収益
利益			損失

出所：広瀬（2015：49）を用いて筆者一部修正。

図表7-3　損益計算書の書式

営業損益計算	1		売上高	XXX
	2	(-)	売上原価	XXX
			売上総利益	XXX
	3	(-)	販売費・一般管理費	XXX
			営業利益	XXX
経常損益計算	4	(+)	営業外収益	XXX
	5	(-)	営業外費用	XXX
			経常利益	XXX
純損益計算	6	(+)	特別利益	XXX
	7	(-)	特別損失	XXX
			当期純利益	XXX

出典：広瀬（2015：451）を用いて筆者一部修正。[筆者改]

式で明らかなように、利益を増加させるものとなる。なお、当然ながら当期純損失（いわゆる赤字）が発生した場合には、純資産を減少させることになる。

「おもてなし」は収益の発生源ということができる。すなわち、顧客は「おもてなし」を受ける対価として、たとえばホテルであれば宿泊代金を、レストランであれば食事代金を支払うのであり、「おもてなし」を提供するお店あるいは企業側にとっては、これらを受け取ることが収益の発生なのである。

ここで筆者が経験した実例を紹介したい。筆者が大学（学部）生だった頃（といっても30代後半であったが）、サークルのような団体のリーダーを務めていた。学習会を開催した後の懇親会を大学近くの居酒屋で開催したのだが、その参加申し込みに、「食物アレルギーのためお店で提供される料理や飲み物にはいっさい手を付けない。そのため、懇親会は参加費無料にしてもらいたい」との連絡があった。特別の事情があるとはいえ、そのような勝手は不可能であり、参加するのであれば正規の参加費を支払う必要があることを伝え、この人は懇親会には参加しなかった。

この一件において、残念ながらこのメンバーは「おもてなし」および「おもてなし」の会計的側面を理解していないと言わざるを得ない。というのも、このメンバーにとって会場となった居酒屋で支払う代金は、飲食物の対価のみであると認識していると考えられるからである。

そのお店を利用することへの対価（つまり場所の利用代金）や、代金を支払わない人に場所を利用させることによる収益獲得機会の逸失といった点を考え

ていないからこそ、このような申し出があったのではないかと想像できる。

　料理の代金には、いわば「おもてなし料」が含まれているといえる。だから
こそ、しつらえが豪華なレストランや、人員配置の多いレストランでは、料理
代金が高額になる傾向にある。これは当然ながら、後述する費用の項に関連す
ることであるが、日本においてもそろそろ「サービス＝無料」という旧態依然
とした考え方から皆が脱却するべき時期にきているのではないか。

　「サービス＝有料」なのである。企業が何らかのコストをかけてサービスま
たは「おもてなし」を提供しているのであるから、無料になるはずはない。こ
の認識を持つべきであろう。

　「おもてなし」とは論点がずれることになるが、たとえば「家電製品の無料
アフターサービス」はどのように取り扱えばよいのであろうか。顧客側にとっ
ての費用支出ゼロで企業が修理を行ってくれるようにみえるが、そのような上
手い話があるはずはない。家電製品を提供する企業側は収益獲得の際、つまり
販売する際の価格に、「家電製品の無料アフターサービス」を提供するために
要する分をいわば上乗せしているととらえるべきであろう。どのようなサービ
スであっても無料で提供されるはずはなく、またそうすべきではない。

　しかしながら、こと「おもてなし」については「タダ」と認識する人が少な
くない。繰り返すことになるが、「おもてなし」は有料で提供されるものであり、
提供する企業は当然ながら「有料化」すべきであり、そうすることが適切なの
である。

(2) 費用

　損益計算書の費用とは、「収益を生み出すための努力」（広瀬，2015：27）で
あり、「減資その他の資本取引以外の企業の主たる営業活動その他の活動の結
果もたらされる純資産の減少分である」（広瀬，2015：487）。ここでいう「純
資産の減少分」は、前項の収益についての説明の逆転である。

　費用は、「おもてなし」の原資といえる。すなわち、企業は「おもてなし」
を提供する対価として、たとえばホテルであれば宿泊代金を、レストランであ
れば食事代金を受け取るのである。「おもてなし」の提供においてヒト（人的
資源）にかかわる費用（人件費、採用費、教育費など）は、主要な位置を占め
ることになる。これは換言すれば、「おもてなし」の提供においてヒトが重要
であるという意味であり、この点に異論はないであろう。「おもてなし」を提

供できるヒトを企業が採用し、そのヒトを育成（教育）し、雇用し続けるためには、そのヒトに関する費用が不可欠だからである。

　ヒトが提供する「おもてなし」そのものについての費用がどれほどかは、測定することは難しい。ヒトの言動の一つひとつが「おもてなし」の構成要素であるとすれば、「おもてなし」の費用を厳密に測定するためにはそれらの言動すべてを何らかの方法で観察し、測定し、それらに要する費用を綿密に計算することになる。無論、これも不可能ではない。だが、そこまですることにコストベネフィットがあるとは思えない。そのため、ヒトが提供する「おもてなし」に要する費用は、ヒトにかかわる費用としてのみとらえることができよう。

　そして、敢えて誤解を恐れずにいうならば、「おもてなし」の提供においてヒトに関わる費用は、いわば売上原価（収益獲得のために直接的に支出される費用）ということができるだろう。確かに、これは極論であり、モノを販売して収益を獲得するビジネスにおける売上原価は「棚卸資産原価のうち販売によって払い出された部分」である（広瀬，2015：452）。だが、「おもてなし」（あるいはサービス）の特徴の1つといえる「在庫不可能」という点を勘案するならば、「棚卸資産」に該当せずに「販売による」費用といえる。だから、「おもてなし」の原価と考えることができる。

　また、「おもてなし」の提供においてモノ（物的資源）にかかわる費用（原材料費、有形固定資産の減価償却費など）も、主要な位置を占めることになる。

　料理の提供において良質な食材を用いることは不可欠であり、食材の質を向上させることが顧客に提供する料理の質の向上につながる。逆に、食材の質を低下させることで料理の質の低下をまねき、それが顧客離れにつながり得ることは容易に想像できる。

　さらに、建物や備品といったしつらえが「おもてなし」に直結する。良質な料理が提供されているとしても、すばらしいヒトによる「おもてなし」が提供されているとしても、建物や備品といった有形固定資産が粗末なもの、あるいはボロボロに傷んでいるとしたら、興ざめであろう。「おもてなし」についての議論では、人的側面に着目されることが多いように思う。しかし、物的側面、すなわち有形物としてのモノは「おもてなし」の提供において勘案されるべき、いや、勘案されなければならない要素なのである。

　なおここで、会計について学ぶ人からよく聞く「これがわからず挫折した」という点の1つである減価償却について略述したい。減価償却とはごく簡単に

いえば、「モノ（有形固定資産）は数年かけて使用するのだから数年にわけて費用としてみなす」、という会計処理である。

　たとえば 80 万円の調理設備を購入したとしよう（設置工事に要する諸費用を含む）。この設備がたった 1 年間で使えなくなってしまうのであればともかく、多くの場合は数年間にわたって使用するものである。しかし、この調理設備の 80 万円全額を購入した年の費用とみなすならば、その年の利益（＝収益－費用）は少なくなってしまい、翌年以降はこの設備を使用しているにもかかわらず利益が（相対的に）多くなってしまう。そこで、この 80 万円を数年間にわたって一定の法則に基づいて費用とみなそうというのである。

　ところが、購入した調理設備が何年間にわたって使用できるかは、使ってみなければわからない。そこで「○○は何年」と計算用にあらかじめ定められている（詳細は国税庁ホームページ参照）。たとえば、「飲食店業用設備」は「8 年」とされている。そこで、この調理設備は 8 年間にわたって毎年の費用とみなす。

　この場合、［80 万円 ÷ 8 年 ＝ 10 万円］で算出される 10 万円を、その年の減価償却費（費用）という（定額法の場合）。また、この処理によって、80 万円で購入した調理設備の資産価値（貸借対照表における価額）は 70 万円に「減価」されることになる。これを繰り返すことにより、数年間（耐用年数；使用期間）にわたって費用とするのである。

　このように、減価償却費は有形固定資産に直結する費用である。すなわち減価償却費は、モノによって提供する「おもてなし」のための費用なのである。

(3) 利益

　前述のとおり「収益とは営業活動によって生み出された成果であり、費用とは収益を生み出すための努力」であり、よって「利益とは努力と成果の差額である」（広瀬, 2015, p.27）。この指摘は、利益が前述のとおり「収益－費用＝利益」の算式により計算されることにつながる。

　ひとことで「利益」といっても、損益計算書では主に 5 種類の利益、すなわち、①売上総利益、②営業利益、③経常利益、④税引前当期純利益（税金等調整前当期純利益）、⑤当期純利益が記載されている（図表 7-3 参照）。以下、それぞれの利益について、「おもてなし」との関連で説明する。

①売上総利益

　売上総利益（利益）は、売上高（収益）から売上原価（費用）を減算して算出される。つまり、顧客により消費されるモノ、たとえば料理や飲料といったモノによる「おもてなし」の成果といえる。

②営業利益

　営業利益（利益）は、売上総利益（利益）から販売費および一般管理費（費用）を減算して算出される。つまり、前項のモノによる「おもてなし」に加えて、ヒトによる「おもてなし」、および、販売費および一般管理費が算式に含まれ、これには減価償却費が含まれることから、消費されるわけではないが使用されるモノ（有形固定資産など）による「おもてなし」の成果といえる。

③経常利益

　経常利益（利益）は、営業利益（利益）に営業外収益（収益）を加算し、さらに営業外費用（費用）を減算して算出される。とくに営業外費用の代表的なものが支払利息であるため、経常利益はいわばカネ（金銭的資源）の活用による「おもてなし」の成果ということができよう。

④税引前当期純利益（税金等調整前当期純利益）

　税引前当期純利益（利益）は、経常利益（利益）に特別利益（収益）を加算し、さらに特別損失（費用）を減算して算出される。ここでいう特別という語が用いられているのは、経常利益にある「「経常」という形容詞と対比させるためであり、企業活動上、まれにしか生じないという意味」である（広瀬，2015，p.453）。法人税等の納税額は、この税引前当期純利益に基づき算出されることになる。すなわち、ステークホルダーの一部を構成する国や地方自治体に対する納税義務を果たすうえで重要な利益項目といえる。

⑤当期純利益

　当期純利益（利益）は、税引前当期純利益（利益）から法人税等（費用）を減算して算出される。この当期純利益は、貸借対照表にある利益剰余金に組み入れられることになる。さらにこの利益剰余金を原資として株主配当が行われる。このことを勘案するならば、ステークホルダーとして欠かすことのできな

い企業のオーナーである出資者との良好な関係性を維持し取引を継続するための「おもてなし」ということができよう。

このように、ひと言で利益といっても、厳密にはそれぞれ意味あいが異なることがわかり、それに伴い「おもてなし」との関連への着眼も多様であることがわかる。それでも敢えてひと言に集約するとすれば、利益（収益－費用）の獲得は、さまざまな「おもてなし」の提供に欠かすことができないといえる。

第3節　生産性の議論

昨今、日本のサービス業における生産性の低さが話題になっている。確かに、OECD（経済協力開発機構）の調査によれば、主要先進7カ国において日本の生産性は第6位あるいは第7位（最下位）にある（日本生産性本部『労働生産性の国際比較2016年版』より）。また、そのなかで特に宿泊、飲食サービスの生産性は、全産業の平均、非製造業の平均、サービス業の平均より低いことが明らかになっている（財務総合政策研究所『財政金融統計月報第774号』より）。さらに、主要業種における業種間の平均賃金を比較するならば、これも低いことが明らかである。

吉岡（2018）によれば、生産性の測定には一般的に「従業員一人あたり付加価値額」が用いられる。そして、就業者数（従業員数）が減少することにより、生産性の指標値が向上するとともに、同じ人件費総額で就業者数が減少することで従業員一人あたり人件費が相対的に増加する。換言すれば、「給与水準の向上」と同時に、生産性を向上させるためには、余剰人員を抱えているのであれば、人員削減あるいは従業員の適正配置が解決策となりうる。

しかし、現代において余剰人員を抱えている企業、あるいは従業員の適正配置ができない企業は希少であろう。とくに宿泊や飲食といったサービス業では、人員不足が叫ばれている現状にある。事実、多くの実務家から、人員不足により過度な忙しさにあるとの声を耳にする。

では、何が問題なのであろうか。筆者は現時点において、2つの点に着目している。1つは、生産性の測定方法である。生産性についての議論を含め、管理会計という学術領域は、おもに製造業を対象に研究されてきた。そのため、そこで得た理論を「おもてなし」を重視するサービス業に応用してよいのかと

図表 7-4　主要業種の賃金比較

業種	平均給与	業種	平均給与
建設業	441 万円	情報通信業	570 万円
製造業	462 万円	医療、福祉	386 万円
卸売業、小売業	358 万円	学術研究、専門・技術サービス業、教育、学習支援業	481 万円
宿泊業、飲食サービス業	230 万円		
金融業、保険業	577 万円	複合サービス事業	420 万円
不動産業、物品賃貸業	389 万円	サービス業	322 万円
電気・ガス・熱供給・水道業	713 万円	農林水産・鉱業	284 万円
運輸業、郵送業	413 万円	平均	409 万円

出所：日経ビジネスオンライン
http://business.nikkeibp.co.jp/article/opinion/20130520/248252/（accessed on 20/Oct/2017）
より筆者作成

いう疑問がある。

　もう 1 つの点は、価格（売価）である。前述のとおり日本では、「サービス＝無料」との概念がいまだに広く浸透してしまっているように思える。しかし、ビジネスシーンにおいて無料で提供されるものは存在しないというのが筆者の意見である。つまり、表面的には無料で提供されているように見えたとしても、提供する側の企業は、何らかの他の方法で収益を獲得しているのであり、またそうするべきであると考える。

　だが、それにしても、日本における「おもてなし」の価格の設定は低すぎるように思える。たとえば、日本と物価水準がほぼ同じである他国において、日本と同レベルの宿泊施設を同様の料金で利用する場合、そこで提供される「おもてなし」はどのようなものであろうか。きっと多くの方々が「やはり日本の“おもてなし”は素晴らしい」、「日本の“おもてなし”は世界でトップだ」などと感じるのではなかろうか。それはすなわち、「おもてなし」が日本のいわゆる特技であるとともに、「おもてなし」を提供する側としては相応する対価を獲得できていないということにつながるのである。

　あるサービス業の従事者は、「（日本における）サービスの代金が高額すぎるというのであれば、他国で同等のサービスを受けるための価格がいくらであるか知ってもらいたい。私の知るところでは日本の 2 〜 3 倍の価格であるし、同

価格帯で提供されるサービスは格段に低レベルである」と言っていた。匿名を条件とするインタビューであったため彼女の業務内容に触れることは控えるが、この指摘に基づき筆者が独自に調査したところでは、確かにこの指摘が正しいようである。

　つまり、端的に指摘するならば、日本の「おもてなし」は価格設定を見直すべきである。私見になるが、「おもてなし」への対価としての売価が適正な価格設定になっておらず、安すぎると感じている。

　売価が多少なりとも高くなり、提供される「おもてなし」が同等であるならば、生産性（労働生産性）は向上することになる。換言すれば、「おもてなし」による生産性向上のためには、適正売価の設定が不可欠であるといえる。

まとめ

　本章は、「おもてなし」を会計的側面から検討した。とくに財務諸表のうち代表的な2表である貸借対照表と損益計算書に視点を当て、会計が「おもてなし」とどのように関連しているかを概観した。さらに、近年よくいわれている生産性の議論について、疑問の一石を投じる内容とした。

　「おもてなし」は、企業の目的達成のための手段（の1つ）であり、その目的は収益および利益の獲得であり、さらには企業の持続的成長である。そのため、「おもてなし」だけで存続できる企業は皆無であり、そこから生まれる収益および利益が重視されて然るべきであるといっても過言ではなかろう。

　企業の経営資源は主に、「ヒト」「モノ」「カネ」である。企業活動においてどれも欠くことのできない資源である。それゆえ、会計的側面を検討するこの章のまとめとして、「おもてなし」はカネに結び付けなければならないという点を指摘したい。カネがなくなると企業は存続できないからである。

▶第8章

おもてなしのスポーツ論

海老塚　修

　2020年東京オリンピック・パラリンピックに向けて主催国としての「おもてなし」に関心が高まっている。スポーツにおける「おもてなし」とは如何なる対応であるべきなのか。そもそも、おもてなしはスポーツにとって必要不可欠なものなのか。スポーツの価値を左右するものなのか。スポーツイベントは経済波及効果などその価値が数値化されることが多いが、スポーツそのものは、多くの人が分かち合えることが本来の価値ではないだろうか。それはするスポーツでも観るスポーツでも変わらない。

　スポーツの魅力を活用したおもてなし関連ビジネスとして「ホスピタリティ・パッケージ」がある。フォーミュラ1のパドック・パスやサッカーの国際イベントなどのスペシャル・チケットで、数十万円という高額でセールスされている。ゲストの特権意識を満足させる言わばセレブ企画であるが、2014年FIFAワールドカップ・ブラジルでは1億8500万ドル（約207億円）[1] の売り上げを記録したとされ（チケット代金を含まず）、主催者にとっては重要な収入源になりつつある。

　本章ではスポーツ本来の価値との関係性において「おもてなし」をとらえることとし、検討、考察を行う。

第1節　するスポーツと観るスポーツ

　スポーツという行為を俯瞰すると、「するスポーツ」と「観るスポーツ」という2通りの在り方を見出すことができる。するスポーツは、私たちが自ら行うスポーツであり、ゴルフ、草野球、ヨガなどの身近な身体活動である。生涯

スポーツとも呼ばれ、健康増進の観点からも推奨されている。他方、観るスポーツはいわゆるスポーツ観戦を意味し、観客席からプロあるいはハイレベルなアマチュアの競技を楽しむことを指す。通常、観客は相応の入場料金を支払ってエンタテインメントとしてスポーツパフォーマンスを享受する。夏季・冬季のオリンピックはその頂点に位置する大会だろう。

　現在私たちが親しんでいる競技・種目の多くは「する」「観る」を問わず19世紀のイギリスで発展し、世界に広がっていった競技、いわゆる「近代スポーツ」である。

　フットボール、クリケット、レガッタなどの競技は学校対抗として行われ、近代スポーツは「対抗戦」の形をとって発展していった。1850年にオックスフォード大学のエクゼター・カレッジが、1855年にはケンブリッジ大学のセントジョーンズ・カレッジが課外活動としてスポーツを採用した。そして、1864年3月5日に8種目からなる第1回オックスフォード・ケンブリッジ対抗陸上競技大会が開催されたのである。ライバル校との重要な対抗試合ともなれば、学生たちだけでなく、卒業生も応援に駆けつけ、一般の見物人も多数集まって声援を送る。初期のスポーツ観戦で求められたのは、もてなすことではなく、規律と相手チームに対するリスペクトであった。

第2節 「観るスポーツ」と「おもてなし」

(1) スポーツビジネスのステイクホルダー

　あらゆる事業と同様にスポーツにもステイクホルダー（利害関係者）が存在する。多くの市民を巻き込み、社会・経済に影響を与える可能性のあるスポーツ、特に観るスポーツは公共財と称される場合もある。スポーツ団体やイベント主催者にとってのステイクホルダーを挙げるならば、消費者、メディア、そして企業ということになる。20世紀半ばの電波メディア、特にテレビの登場でスポーツを取り巻く経済環境は大きく変貌を遂げ、現在に至っているのである。

　まず消費者は、対価として入場料金を支払い、観客となってエンタテインメントとして競技や試合を楽しむ。そしてメディアは、コンテンツの対価として放送権料を支払い、契約に基づき競技や試合を放送する。企業はコミュニケーションのプラットフォームとして有効だと判断したスポーツに対し資金を提供し、スポンサーとなってマーケティングに活用するのである。すなわち、一般

的にはスポーツの収入源はファン、メディアそして企業に絞られるといえるだろう。

　現在ではほぼ定まっているスポーツのステイクホルダーの考え方だが、広く認識されるようになったのは1984年ロサンゼルスオリンピック（ロスオリ）からである。

（2）公費に依存しないオリンピック大会

　1970年代から1980年代にかけてのオリンピック大会は、ミュンヘンでのテロ発生や、モントリオールでの反アパルトヘイト・ボイコットなどが相次ぎ、開催のリスクが高まった。そのリスクが頂点に達したのが1980年のモスクワ大会である。ソ連のアフガン侵攻に抗議するとしてアメリカ、日本など60か国が参加を見送ったのだが、実はロサンゼルスはモスクワの対抗馬として立候補し、敗れていた。そして再度挑戦した結果、夏季オリンピックの開催権を得たのである。

　ロサンゼルスの招致要件はオリンピックの常識を逸していた。開催国アメリカは公的資金援助を一切行わず、全てを民間の運営に委ねるという。ロサンゼルス市民の8割以上がオリンピックに反対という逆風の中での政治判断でもあった。ロサンゼルスのオリンピック招致委員会はこの未経験の大プロジェクトの推進を任せる人材として旅行業ファースト・トラベルを立ち上げ、全米2位の業績にまで成長させたピーター・ユベロスに白羽の矢を立てた。ユベロスはオリンピックを国際スポーツ大会というよりエンタテインメントとしてとらえ、政治色を一切排除して消費者やメディア、そして企業に対してアプローチしようと考えた。

　企業からの収入を増やすためにカテゴリー（業種）を絞り、独占排他権を強調してセールスを行うこととした。オリンピックスポンサーシップの希少性を価値に置き換えて企業の理解を求めたのである。

　ユベロスはメディアや入場券の取り扱いでも商才を発揮した。アメリカ国内の独占放送権を競合入札にかけ、ABCと2億2500万ドルの契約にこぎつけたのを皮切りに、全収入の51％をテレビ放送権で稼ぎ出した。また入場券の販売では抽選方式の導入で消費者心理を刺激し、スポンサー収入を上回る1億5100万ドル（27％）を前売りによるキャッシュとして確保した。結果として公的補助を得ず、トータル5億5200万ドルにものぼる多額の収入を得たので

ある。

　ロスオリのビジネス的な成功は一部の批評家から「商業主義」として批判された。今日のメディアやスポンサーシップ権利金相場の高騰のきっかけをつくったとして否定的に論じられることがあるのも事実だが、スポーツ大会を単なる「勝った負けた」ではなく、エンタテインメントと位置づけるなら、私たちはロサンゼルスから多くのことを学ぶことになる。たとえばハリウッドのクリエイティビティを駆使した開会式の演出が挙げられる。ジョン・ウィリアムスによる大会テーマ曲の演奏やロケットマンによるパフォーマンスは観衆を魅了した。エンタテインメントビジネスにおける最重要顧客は他ならぬ入場者である。また、世界各国へのテレビ映像制作に責任を持っていたはずのABCは、アメリカ選手中心の偏向したカメラワークで国内のテレビ視聴者を大いに満足させたのである。さらに、前売りチケットの人気は、オリンピックに対する消費者の関心の高さと期待感を裏付けるものであり、放送権やスポンサーの交渉に際して組織委員会に有利に働いたと評されている。

(3) 観るスポーツのステイクホルダー

　ロスオリから30年以上たった現在でもスポーツのステイクホルダーは基本的に変わらない。会計監査・コンサルティング大手のデロイトは毎年ヨーロッパのサッカークラブの長者番付「フットボール・マネー・リーグ（Football Money League）」を公表している。2018年版によると上位20ビッグクラブの収入合計は79億ユーロ（前年比6％増）で、内訳は放送権が45％を占め、スポンサーシップなどの商業売り上げが38％、入場券等の試合当日の収入が17％であった。ランキングのトップに輝いたのはイングランド・プレミアリーグに所属するマンチェスター・ユナイテッドである。全収入に占める入場券等は19％だが、その金額レベルはここ何年かほぼ一定である。ホームスタジアムのオールド・トラッフォードは常に満席であり、収入増は容易ではない。しかし会場に足を運べなくても、地球規模のファンに支えられる同クラブには、数多くの企業がパートナーとして資金を提供している。

(4) スポーツの価値とファン

　ファンという志向性を持つ消費者グループの動静は、スポーツの価値の維持・向上に影響を与える可能性が大きく、ステイクホルダーの中で最も重視しなけ

ればならない対象である。消費者の中に熱烈なファンが多く存在するならば、テレビを始めとするメディアは当該スポーツを取材し、優先的に報道するはずである。メディア事業はビジネスであり、視聴者や読者が興味を示すという確信があれば、メディアは積極的にコンテンツに対して投資する。さらに、多数のファンと広範なメディアカバレッジを前提として、企業はスポンサーとなりスポーツを活用するのである。このようなプロセスを通じ、入場料収入のみならず、放映権料や協賛金収入の拡大がスポーツ（チームや団体）の財務的価値を押し上げることが期待される。マンチェスター・ユナイテッドはその点で優等生であるが、オールド・トラッフォードの果たす役割は小さくない。スタジアム空間を共有すること自体が、ファンにとって最上の喜びになっているからである。

　コアファンと推定される観客がスタジアムやアリーナで高い満足感を得続けることは、当該スポーツの価値を維持、向上させる上での絶対条件である。

（5）プロ野球のファンサービス

　我が国のスポーツ文化において、プロ野球は重要な位置を占めてきた。観客数の面では、毎シーズン 12 球団の合計で 2000 万人を超える動員を記録している。プロ野球は日本を代表するプロスポーツであり、顧客であるファンも最も多く、幅広い。

　プロ野球は、1958 年のセパ 2 リーグ、12 球団の定着以来、メディアに支えられて発展を遂げてきた経緯がある。読売新聞、中日新聞等の球団親会社による積極的な報道、そして巨人戦のテレビ中継などである。セリーグに所属する巨人以外の 5 球団は、主催試合での巨人戦のテレビ放送権収入にかなり依存して経営を行ってきた。セパ各球団とも親会社の宣伝という位置づけが色濃く、ファンの優先順位は決して高いとはいえなかった。

　パリーグは放送権収入が少ないこともあり、かなり厳しい経営が続いてきたが、2004 年の球界再編がきっかけとなり、2005 年から各球団は主催試合の観客動員数（入場者数）の実数公表を開始し、ファンを重視する姿勢に転じたのである。巨人とオリックス・バファローズは同年に「ファンサービス部」を新設。また他球団も同様の対応を開始することによりプロ野球はステイクホルダーとしてのファンと改めて真剣に向き合うことになったのである。2005 年以降、多少の増減はあるが観客動員数は増加傾向にある。試合後の選手との触れ

合い、試合中の大型スクリーンを利用した演出など各球団はさまざまな工夫を凝らしている。

2017年シーズンの観客動員数は、全858試合で2,513万9,463人を記録し、プロ野球史上最多であった。実数発表が開始された2005年の1,992万4,613人と比較すると約26％増加したことになる。

従来の野球場は、中年男性ファンが中心で、ビール、たばこ、ヤジが付きものの試合観戦が常だった。そこに新しい風を吹き込んだのが「カープ女子」を代表として定着した女性ファンである。カープ女子の出現は広島の新球場の誕生と密接に結びついている。2009年に完成した新球場は「遊環構造」という観客席を一周できる設計がなされた。コンコースを巡ると27種類にも及ぶ座席のバリエーションを実際に目にすることができる。子どもを遊ばせる施設やパーティールーム、多彩な飲食店は、野球に関心の薄い人にも球場へ来る楽しみをもたらしたのである。

ファミリーあるいはカップルで球場を訪れた女性たちが「思っていたより楽しかった」「清潔だった」と感じ、再訪のモチベーションを得たことが少しずつ増幅して女性ファンが増えていったと考えられる。プロ選手の高度な技術やパワーを求めるだけでなく、一体感のある応援に参加することはライブコンサートの応援にも通じ、会場における共有体験が魅力に直結しているのである。

(6) ペルソナマーケティングと「おもてなし」

近年急速に人気、実力を向上させてきた横浜DeNAベイスターズはプロ野球観戦の魅力を再定義した球団として注目される。同球団は、2011年12月に前身である横浜ベイスターズの株式がTBSから譲渡され誕生した。当時は最下位争いの常連で、横浜という大都市を本拠地としながら人気チームとはいえなかった。席は半分しか埋まらない状態が続き、2011年の年間観客動員数は約110万人にとどまっていた。しかし、5年後となる2016年の観客動員数は約194万人（図表8-1）。実に約76％の成長を遂げ、ホームゲームの4分の3は大入り満員を記録した。売り上げも2011年から2016年には倍増し、営業利益も黒字転換した。5年連続最下位だったチームも、2016年と2017年は連続してAクラス入りし、2017年には日本シリーズ進出を果たしたのである。

ベイスターズはさまざまな観客サービスを実現してきたが、それが実現できたのには2つの理由がある。1つは2016年に横浜スタジアムを買収出来たこと。

図表 8-1　横浜 DeNA ベイスターズ観客動員数の推移

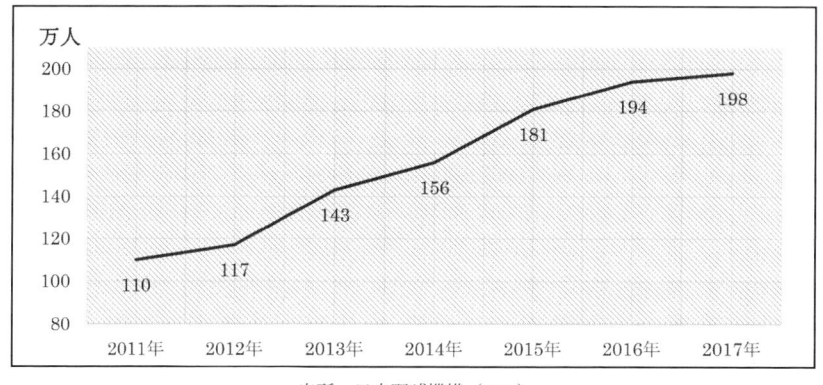

出所：日本野球機構（NPB）

　これによりフリーハンドでさまざまな工夫を凝らすことができた。もう 1 つは
マーケティングリサーチにより典型的な観客像を把握し、そのバーチャル観客
が満足するであろうサービスを整えた事である。

　このような手法をペルソナマーケティングという。ベイスターズの場合、導
き出されたペルソナは 30 代のアクティブサラリーマン。観戦は居酒屋談義の
延長線上。球場の雰囲気が好きで、勝敗だけにこだわるわけではない。自らも
スポーツをし、流行に敏感な男性である。このようなペルソナがたどるタッチ
ポイントを「カスタマージャーニー」として想定し、試合展開以外に、情報入
手、飲食、物販などでもニーズに応えるようにプラニングした結果が観客の満
足度向上に寄与したのである。

　ペルソナマーケティングは他のスポーツでも十分適用可能であり、観るスポ
ーツの価値を向上させる効果的な「おもてなし」スキームである。

第 3 節 「するスポーツ」と「おもてなし」

（1）するスポーツイベント開催の背景

　私たちが日常の自由時間においてもっとも親しんでいる身体活動の 1 つがラ
ンニングである。

　我が国では年間に 1000 を優に超える長距離走イベントが開催され、多くの
市民ランナーに競走（レース参加）の機会を提供している。その形態は陸上競

出所：アールビーズ（全日本マラソンランキング）

技のトラックを周回するコンパクトなレースから、ハーフマラソン、100kmを超すウルトラマラソンまでさまざまである。中でもマラソン（通称フルマラソン）は人気が高く、最大規模の「東京マラソン」では 2 万 6,370 人の一般出場枠に対して 32 万人が申し込み、当選倍率は約 12 倍である（2018 年 2 月の第 12 回大会）。

　マラソンの参加者は増え続けている。日本陸連公認コースで行われたマラソン大会を対象とした調査[2]では、2017 年度（2016 年 4 月〜 2017 年 3 月）には 37 万人が完走した。東京マラソン開始前の 2006 年と比較すると 3 倍以上となった。大会数も年々増え、2017 年度には 80 大会が開催された（図表 8-2）。

(2) 市民マラソンの運営

　ランナーのエントリー・フィー（参加料）は「横浜マラソン」の 1 万 5,000 円が最高額で、ほとんどの市民マラソンは 1 万円〜 1 万 2,000 円以下で参加できる。仮に 1 万人が参加したとすれば 1 億円から 1 億 2,000 万円程度の収入となる計算だ。しかし、これだけでは大会の運営経費はまかなえないので、スポンサー企業を募った上で差額を主催者である行政が負担する。エントリーフィー 358 ドル（約 4 万円）の「ニューヨーク・シティマラソン」など世界のメジャーマラソン大会とは大きく異なっている。海外では自治体が大会を主催すること自体がまれであり、あくまでも協力する立場である。民間組織が収支の責任を持って運営しているのである。行政によるイベントの主催に関しては賛否

が分かれるが、警察や消防といった公的サービスが必須なマラソンではプラスの要素が多いという判断も当然ある。一方で税金が費やされることからマラソンの開催を通じて何を期待するのかをある程度明確にすることも求められる。

　ハーフマラソンを含めマラソン大会の開催意義として、住民の健康増進へのきっかけや観光などを中心とした地域振興を掲げる行政が多い。大会の報道を通じた県外へのPRや、参加者の再訪が期待されるのである。直接的な観光収入増を見込んで、政令指定都市で開かれるシティマラソンでは大会前日までに大会本部で直接ナンバーカードを交付する。これにより県外からのランナーは前泊を事実上余儀なくされるのである。

　沖縄県の那覇市で開催されている「NAHAマラソン」を例にとると、県外からの参加ランナーおよび同伴者の宿泊費や飲食などの直接支出は12億1,200万円に達すると推計された[3]。参加者数は第1回大会（1985年）では約4,500人だったが、その後人気が高まっていき、2016年の第32回大会の参加者数は約2万6,600人。県外からの参加者数は1万5,447人で全体の6割近くに達した。ちなみに第2回大会では400人足らずだったので、県外ランナーの評価の高まりが観光セクターに好影響を与えているのである。

(3) 市民マラソンのステイクホルダー

　右肩上がりに成長しているかに見える市民マラソンだが、実態は必ずしもそうでもない。2017年には鹿児島県の「種子島ロケットマラソン」が資金難から継続を断念し、30年の歴史に幕を下ろした。また前年対比で参加者が500人以上減少した大会が2017年には11大会に上った。マラソン参加を検討する市民ランナーにとっては、選択肢が増えたこともあり、大会の淘汰が進行している可能性が示唆されるのである。

　市民マラソンは、地域のメディアの協力なくして実現は難しい。ローカルテレビ局やラジオによる実況中継、事前広報、そして当日の交通情報などいずれも重要な情報伝達である。地方新聞社も主催者サイドに立ってさまざまな協力を惜しまないだろう。また、地元企業もナンバーカードへの社名露出やコース上のエイド（ランナーへの食糧補給）などで金銭面だけでなく必要物資のサポートが期待できる。

　市民マラソン大会の運営費を捻出する際、プロなどの観るスポーツとの大きな違いがある。入場料が期待できないことである。観客に代わってステイクホ

出所：アールビーズ（ランナー世論調査 2018）

ルダーになるのは参加する選手（市民ランナー）一人ひとりである。シティマラソンの一般的なエントリーフィーは 1 万円であるが、これはプロ野球の東京ドームの指定席価格である 4,000 円に比べてもかなり高い。域外からの参加者はエントリーフィーに加えて交通費、宿泊費を負担しなければならない。たとえば、関西から東京マラソンに参加するとすれば新幹線とホテル代で 4 万円程度は覚悟しなければならないだろう。

　レースに参加しようとする市民ランナーが第一に重視するのは、どこで行われるか、そして開催日程である。個別の要件としては日帰りできるか否かやコースの景観が挙げられている（図表 8-3）。

（4）マーケティングミックスとマラソン大会

　市民マラソン大会は営利事業ではないが、主催者は一定の目的を持って実施・運営していることが想定される。そこで、大会を行政によるソーシャルマーケティングの枠組みとしてとらえ、検討することにしよう。

　一般にマーケティング戦略の立案においては、望ましい反応を市場から得るためにマーケティングの要素の最適な組み合わせが必要だとされる。商品やサービスの販売を意図する際に企業や組織が使える複数の手段を組み合わせて戦略を立て、計画、実施することであり、エドモンド・マッカーシーはこれをマーケティングミックスとして提唱した。マーケティングミックスは、製品開発

図表 8-4　マーケティングミックス概念図

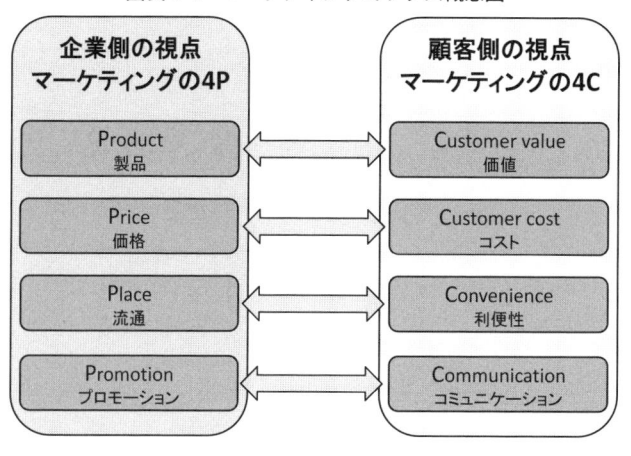

（Product）、価格（Price）、流通（Place）、販売促進（Promotion）の4戦略であり、頭文字から「4P」と称される。製造・販売サイドの「4P」に対して、ロバート・ローターボーンは買い手である消費者視点のマーケティングミックスとして「4C」を提唱した。顧客価値（Customer Value）、顧客コスト（Customer Cost）、利便性（Convenience）、コミュニケーション（Communication）の頭文字であり、「4C」を考慮せずに「4P」を推進しても必ずしも好ましい結果は得られないとされている（図表 8-4）。

　マラソン大会自体を「製品開発」としてとらえると、行政はまず地域の公共的資産から公道を 42.195km のコースとして設定し、地元のシンボルや観光名所など「見せたいもの」を織り込んで魅力溢れるコースを考えるだろう。次に「流通」に関しては、開催都市の中心地からのスタート・フィニッシュエリアまでのアクセス（バス）や市民センターなどの公共施設の活用がこれに該当する。「価格」は、自治体が見積もる経済波及効果に相当し、「販売促進」は広告・PR を通じての大会自体と開催地のアピールである。

　参加を検討中の市民ランナーの立場からはどうだろう。多くの参加者が日頃の練習の成果を発揮したいと考え、できれば自己ベストを狙おうと意気込んでいる。そのためにはアップダウンが少なく、風の影響をあまり受けない走りやすいコースに魅力、すなわち「顧客価値」を感じるのではないだろうか。「利便性」は着替え、荷物預かり、トイレの数やロケーションなどが問われる。「顧

客コスト」は大会ごとに差のないエントリーフィー金額より移動・宿泊・食事の総額が判断の対象となる。可能なら前泊せず、日帰りしたいランナーは多いはずだ。そして大会自体や開催地の丁寧な事前、当日、事後のガイドが「コミュニケーション」の質を左右するのである。

　ランナーからの評価が高いマラソンは大会主催者の「4P」が参加者の「4C」に限りなく合致した大会といえるだろう。参加を決めた市民ランナーがそれぞれ最善の 42.195km を完走することが最大の「おもてなし」なのである。反対に、評価が低い理由はランナーを単なる観光客とみなして、適切な情報提供や現場でのサービスを怠った、あるいは地域全体の大会開催に関する理解不足などが想定できる。

まとめ

　スポーツの価値は多くの人が分かち合い、共に体験することが根幹である。スタジアムにおいては観客が熱狂し、マラソンコースでは市民ランナーが応援する家族や沿道のボランティアとともに感動を共有する。数多くの人々が参画するイベントは必然的に注目を浴び、経済的価値も増すのである。

　デジタル化が進展し、インターネットが普及した現代においては、旅行など様々な疑似体験（バーチャルリアリティー）が可能になった。しかし私たちはそれだけでは満足しない。だからこそ人々は時にリアルな「繋がり」を求めるのであり、「観る」「する」を問わずスポーツは共有体験の場として評価が高まっている。これこそがスポーツにおける「おもてなし」に他ならないのである。

【注】
1）FIFA Wrold Cup Brazil 2014 Oficial Report
2）ランナーズ 2018 年 7 月号
3）第 32 回 NAHA マラソンの経済波及効果（りゅうぎん総合研究所）

▶第 9 章

おもてなしの心理論

椎野　睦

　本章は、「おもてなし」を心理学の視点から考える。具体的には「言葉によるコミュニケーション（言語コミュニケーション）」と「言葉にあらわされないコミュニケーション（非言語コミュニケーション）」が感情や欲求とどのような関係性にあり、そして「おもてなし」という視点から考えた際に他者をどのように理解し、応対することが望ましいのかについて述べる。

　また、コミュニケーションに関する心理学の諸理論から、言語よりも非言語コミュニケーションに注目し、とくに感情と密接な関係があるとして近年研究が進められている表情についてとりあげ、各表情の写真を示しながら詳しく解説する。

　なお、「おもてなし」の定義については、既述（第 2 章）の通り「相手の状態をそのまま大切に保ちながら、それに対して意図的に働きかけて処遇する意」と考え、そこから「相手の言葉に表されない気持ち（感情）を適切に理解し、その気持ちに最適な応対をすること」ととらえる。

第 1 節　はじめに

　誰もが一度は「他人の心を読み取ることができれば」と考えたことがあるだろう。それは、質の高い「おもてなし」をする上でも同様であり、他者を思いやり、察し、配慮するためには相手の気持ちや考えを理解することは重要である。また、相手の気持ちや考えを全く理解できずに対応することで、人間関係に亀裂が入ったり、トラブルに発展してしまったりすることもある。

　「人間」というのは読んで字のごとく「人の間に生きる存在」であるため、

コミュニケーションがとても重要であり、相手の考えや気持ちなど、いわゆる「心」を適切に理解することが重要である。それは「相手の立場に立つ」ことの重要性を意味しているともいえる。

第2節　こころとコミュニケーション

(1) コミュニケーションにおける内容（報告）と関係（命令）の側面

コミュニケーションは主に、言語コミュニケーションと非言語コミュニケーションに分けることができる。ポール・ワツラヴィックほか（Watzlawick et al., 1967）によれば「コミュニケーションの公理」の定義の1つに、「全てのコミュニケーションは内容（報告）と関係（命令）の側面を持ち、後者は前者を分類するもので、メタ・コミュニケーションである」がある。

この定義においては、コミュニケーションには"報告"と"命令"の側面があるということも示している。たとえば、飲食店で料理を食べたお客さんが、店員に「この料理、とても塩辛いね。」と伝えたとする。

そのとき「料理の塩分が高く感じられ、味覚として強い辛さを感じた」という"内容"の情報伝達が行われたと同時に、辛さが不快であったとすると「謝罪してほしい」「すぐに水を持ってきてほしい」というような特定の行動を促すかのような"命令"の情報伝達が行われていると考えられる。

また、「辛くて不快であった」という感情伝達としての側面も考えられる。一方、このお客さんが「塩辛くて日本酒と相性が良く、とても美味しい」という意味で発言したとすると「塩辛くて嬉しかった」という感情伝達となり、その後の求められる命令的側面も上記のものとは異なってくるであろう。

このように考えると、言語コミュニケーションは内容・情報伝達としての側面が強く、非言語コミュニケーションは命令・感情伝達としての側面が強いと考えられる。

加えて、ポール・ワツラヴィックほか（1967）が提唱しているように、関係は内容よりもメタなコミュニケーションであるところから「"何を"言ったか」ということよりも「"どのように"言ったか」の方がメッセージ性は高いことが考えられる。

すなわち、コミュニケーションにおける内容は関係による拘束を受けることになる。たとえば、「あなたは素晴らしい読者です」というこの言語も、どの

ような文脈・抑揚・表情で伝えるかによって受け取る意味や抱く感情は大きく異なることが予想される。

(2) 非言語コミュニケーションにおける表情の重要性

　私たちは対人場面において相手がどのような感情を抱いているのかを判断するときに、どのようなコミュニケーションの側面をもとに判断するべきだろうか。メラビアン（Mehrabian, 1972）は、その判断基準を示すべく実験的な検討をし、以下のような法則を提唱した。

　　対人態度 = 0.55F + 0.37V + 0.07C

　　（F：表情　V：音声　C：会話内容）

　この実験は、表情、声、内容の 3 つの要因を操作し、それぞれの効果がどの程度コミュニケーションにおいて好意や嫌悪の程度を規定するかを示した。

　この実験の結果から、相手の表情要因が示す割合が 55％を超え、最も大きな決定因であることがわかる。そして、言語的な内容はわずかに 7 ％しか影響せず、話している「内容」よりも話している声の「音声（調子；声の大きさ、高さ、スピード、イントネーション等）」の方が、大きな決定因となっていることを実証した。

　このような点からも、コミュニケーションにおいては「“ 何を ” 言ったか」ということよりも「“ どのように ” 言ったか」ということのメッセージ性が重要であることが伺われる。

　このメラビアンによる実験の解釈には賛否の意見があるが、榎本（2018）も「コミュニケーション場面でもっとも目立つ非言語的行動は顔の表情である」と述べているように、私たちは日常生活においても「“ 何を ” 言ったか」よりも「“ どのように ” 伝えたか」という非言語コミュニケーションの方が気持ちを伝えやすいことを体験しているのではなかろうか。

　さらに、抑うつ状態にある人は、言語的にはやさしい言葉を他者から受けつつも、態度などの非言語で拒絶を受けやすく、その相互作用を通じて抑うつを深めてしまうという研究も存在する（Coyne, 1976a, 1976b）。このことからも、コミュニケーションにおける非言語メッセージの重要性は高いと考えられる。

第3節 表情と感情

（1）表情と感情の関係性

「顔色を窺う」「顔に表れる」「顔に書いてある」「合わす顔がない」「顔向けできない」という言葉が意味するように、日本文化において顔には、心や気持ち（感情）または本心が表れるという非言語コミュニケーションが一般的に伺われるものである。

1872年にダーウィンは感情と表情筋の動きを精緻に研究し、その動きが普遍的なものであり、かつヒト以外の類人猿や哺乳類にも見られると提唱している（Darwin, 1998）。

その後、心理学領域においては1960年代以降にトムキンス（Tomkins）やエクマン（Ekman）、イザード（Izard）らによってその普遍性が各種の研究によって示された。とりわけエクマンは精力的な研究を重ね、「顔面動作符号化システム（FACS；Facial Action Coding System）」と称した顔の動きを包括的に測定するための理論を体系化し（1978年提唱、2002年改訂）、人類に普遍とする表情筋の動きと感情の関係性を体系的にまとめた（Ekman & Friesen, 1978；Ekman et al, 2002）。

このエクマンの知見と技術は、FBI等においても犯罪問題の解決などに活かされてきた歴史があり、近年ではカメラの表情読み取り機能やロボット工学、動画解析、アニメーション作成など幅広く活用されている。

そこで、2018年現在エクマンらによって人類普遍とされている7種類の感情（怒り、幸福、悲しみ、驚き、恐怖、嫌悪、軽蔑）と表情筋の動きを紹介する。

（2）7つの表情

まず、写真9-1は何ら感情の表出されていない、いわゆる「中立」と呼ばれる表情である。7つの感情が表出されているそれぞれの表情を理解する上での比較対象として参照していただきたい（本章に掲載されている写真の権利はすべて本章の筆者に帰属するものであり、無断の使用および複写を一切禁止する）。

中立表情以外に、写真9-2 〜 9-8（表情 A 〜 G）の7枚の写真があるが、まずは7枚の表情写真が7種類の感情（怒り、幸福、悲しみ、驚き、恐怖、嫌悪、

写真 9-1　中立表情

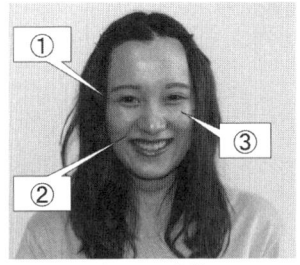

写真 9-2　表情 A

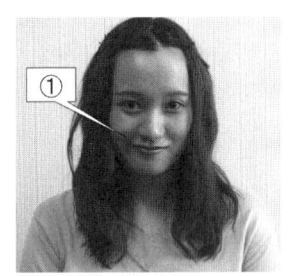

写真 9-3　表情 B

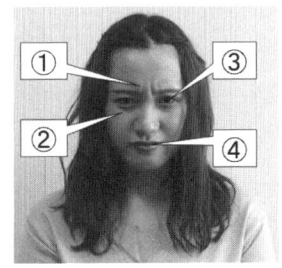

写真 9-4　写真 C

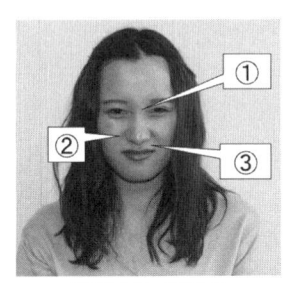

写真 9-5　写真 D

軽蔑）のどれを表出しているか本書を読み進める前に想像してみていただきたい。

①幸福

　表情 A（写真 9-2）は「幸福」を表出している表情である。表情筋のポイントは①目の周辺の筋肉が収縮する／目じりのシワ、②口角が上がる、③口角の上昇に伴い頬骨が上がる、という 3 つが挙げられる。幸福が生起する心理的要因としては、喜び、期待、承認、目標の達成、欲求の充足、同意や好意の表示

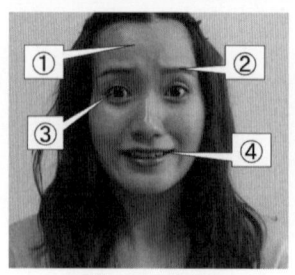

写真 9-6　表情 E

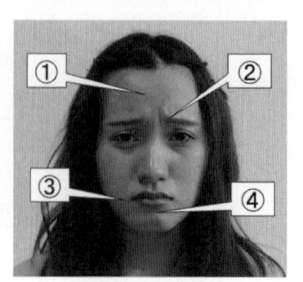

写真 9-7　表情 F

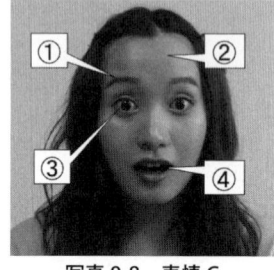

写真 9-8　表情 G

写真 9-9

本章に掲載されている写真の権利はすべて本章の筆者に帰属するものであり、無断の使用および複写を一切禁止する

などの肯定的な感情が挙げられる。

②軽蔑

　表情 B（写真 9-3）は「軽蔑」を表出している表情である。表情筋のポイントは①片方の口角が上がるということが挙げられ、左右非対称の顔になることが特徴である。軽蔑が生起する心理的要因としては、優越感、さげすみ、見下しなどの感情が挙げられる。

　近年の研究では欺瞞時、いわゆる相手を欺いたり、隠し事をしたりするときなどにも生じやすいと考えられる。また幸福の表情と比較した時に、口角の上がりや頬骨の上りが非対称である場合、それは幸福を示していると見せかけているが、じつは相手を軽蔑したり、何らかの本意を笑顔で隠したりしているという可能性も考えられる。

③怒り

　表情 C（写真 9-4）は「怒り」を表出している表情である。表情筋のポイントは、

⑦眉が中央に寄りながら下がる、⑦下瞼に力が入る、⑦目が見開く、㊤唇が上下から強く閉じられる、という4つが挙げられる。

怒りが生起する心理的要因としては、苛立ち、不和、不服、義からの逸脱、欲求不満、目的達成に対する障害などが挙げられる。また、心理学において怒りは、二次感情としてとらえられることがある。

すなわち、おもてなしとして怒りをマネジメントする際には、怒りの向こうにある本質的な感情（第一次感情）を理解し、そこに対応することが重要であるとも考えられる。

たとえば、「喪失による悲しみ」という第一次感情があり、その悲しみからくる特定の対象への怒りであった場合、怒りを理解し、共感し、応対すること以上に第一次感情としての悲しみを理解し、応対することがおもてなしには求められると考えられる。

加えて、「眉が中央に寄りながら下がる」というような表情筋の動きは、人が「熟考」しているときにも生じる動きであるため注意が必要である。

④嫌悪

表情D（写真9-5）は「嫌悪」を表出している表情である。表情筋のポイントは⑦鼻にシワがよる（目と目の間の鼻の部分にシワが出る）、⑦豊齢線が釣り鐘型に出る、⑦上唇が上がる、という3つが挙げられる。嫌悪が生起する心理的要因としては、反感、拒否、嫌気、不快、などの否定的な感情が挙げられる。

⑤恐怖

表情E（写真9-6）は「恐怖」を表出している表情である。表情筋のポイントは、⑦額の中央にシワが出る（②により）、⑦両眉が上がり中央に寄る、⑦目が見開く、㊤唇が水平に引かれる、という4つが挙げられる。

恐怖が生起する心理的要因としては、脅威の認知、危害の可能性の認知、脅威・危害を統制することの困難さなどが挙げられる。

⑥悲しみ

表情F（写真9-7）は「悲しみ」を表出している表情である。表情筋のポイントは、⑦額の中央にシワが出る（②により）、⑦両眉の内側が上がる、⑦両方の口角が下がる、㊤下唇の中央部分が押し上げられる、という4つが挙げら

れる。悲しみが生起する心理的要因として、失望、喪失、敗北、幻滅、目的の不達成、などが挙げられる。

⑦驚き

表情 G（写真 9-8）は「驚き」を表出している表情である。表情筋のポイントは、㋐両眉が上がる、㋑額全体にシワが出る（①により）、㋒目が見開く、㋓口が開く、という 4 つが挙げられる。

驚きは、予想外の出来事・展開により生起するものであり、感情というよりも反射的な反応に近いものであると考えられる。否定的なものか肯定的なものかは文脈に依存する。

たとえば、あるサービスや商品を提案したときにこの表情が表出したとすると、それは提案したサービスや商品に興味・関心を示したサインであるととらえることもできる。

(3) 複合的にあらわれる表情

ここまでに挙げた中立を除く 7 つの表情は人類普遍のものとされている。そして、この 7 つは基本表情であり、複合的に表出されることがある。色で例えるならば基本三原色のようなものであり、この 7 種類の特徴がそれぞれ同時に表出されることで複雑な感情が表出されると理解できる。

写真 9-9 は、幸福と驚きの表情筋の動きが確認できる。これは「幸福＋驚き」の感情であり、サプライズパーティーなどで驚きながらも幸福感を感じているときに生起する可能性がある。

また、このような複合的な表情は、ときに感情として葛藤的で複雑なものが同時生起することもある。たとえば、皮肉っぽい愛情表現を受け、それが嬉しかった時には嫌悪と幸福が同時に生起するということも伺われる。さらに恐怖と驚きは同時生起することが多く、その区別がつきにくいことも多い。

(4) 文化的な規定

エクマンやフリーセン（Friesen）の実験研究においては、日本人とアメリカ人がそれぞれ強度なストレスを感じるような映画を鑑賞したときの表情表出の異同を観察したものがある。それによると、日本人もアメリカ人も「嫌悪」「悲しみ」「怒り」「恐怖」は同一の場面で同じ表情筋の動きをしたことが報告され

ている。

　その第二研究では、そのようなストレスフルな映画を地位が上の人と一緒に鑑賞するという実験を行っている。アメリカ人はほぼ変わりなく否定的な感情をそのまま表現したが、日本人はそのストレスフルな場面においてまったく感情を示さないか、あるいは微笑むという現象が伺われた。

　このような結果から、マツモト（Matsumoto）＆工藤（1996）は日本では地位が上の者といる場合には自分の感じている否定的な感情は表にだしてはならないという文化の規則があると結論付けている。

　そしてマツモト＆工藤（1996）は、日本のこどもは幼児期（3-4歳）までにこのような文化の表示規則をそれなりに学習していると結論づけている。これは、いわゆる「ジャパニーズスマイル」に通ずるものであろう。

　エクマンらの表情理論（人類に普遍とされている感情が表出された表情）が否定されるのは、このような文化的規則を強調している論者らによるところが大きい。

　しかし、この理論は両方とも正しく、ともに成立すると考えられる。すなわち、感情によりエクマンらが提唱する表情が生起するものの、文化的な規則により歪められるという現象が生じていると考えられる。つまり、感情が表出される表情は生物学的に生起する表情筋の動きと、文化が決める表示規則の両方が影響を及ぼした結果と考えられる。

　上記の実験例で考えると、地位が上の人の前では否定的な感情を抑制しようとする日本人は、地位が上の人の前では嫌悪、悲しみ、怒り、恐怖といった表情筋の動きは抑制されるないしは幸福表情（笑顔）でマスクされることが推察される。このような文化的規則は文化によって異なり、それぞれの文化によって、①強化（本来以上にその感情を強く表現する）、②弱化（本来以上にその感情を弱く表現する）、③抑制（その感情を表出しないように抑える）、④偽装（本来感じている感情とは別の感情を表現することで感情を隠す）といった特徴が生起する可能性が考えられる。

第4節　応対

　ここまで表情から読み取れる感情について述べてきた。では「応対」という視点から考えた際に、どのようなことが考えられるだろうか。本節ではその具

体例をいくつか挙げる。

(1) 応対のタイミング

　ブティックや販売店で無用なときに店員に声をかけられ不快な思いをしたことがある人は少なくないだろう。そのような声掛けはお客さんとしてもマイナスであるが、店員ないしはお店側としてもマイナスな出来事である。これは飲食店において店員が注文を聞きに行くタイミングにも共通するであろう。

　表情理論から考えると、「驚き」の表情を示したお客さんは興味・関心を示した可能性が高く、声をかけ、対象の商品についてその魅力を詳しく説明するタイミングであると考えられる。逆に「中立」な表情の時は必要以上に声をかけないのが賢明であると推察される。

　また、商品やサービスについて説明していると、ついつい話が長くなってしまうこともある。説明をしているときのお客さんの表情を観察し、熟考や嫌悪、軽蔑、恐怖などの表情が伺われるようであれば、一度話をストップし、お客さんに質問を投げかけたり、ここまででわからないことや気になることがあるかどうか尋ねたりするのも有効であると考えられる。

(2) 応対の表情

　接客する上で好感を与えることができる笑顔が重要であるのは説明するまでもないことであろう。「悲しいから泣くのではなく、泣くから悲しい」という言葉にあるように、心理学では「顔面フィードバック理論」というものがある。笑顔でいることで脳が幸福状態と判断し、本当に幸福感が生起するという現象がある。

　また、近年では、笑顔の伝染効果やNK細胞の増加を中心とした生理学的にポジティブないくつもの効果が科学的に実証されつつあることから、日頃から笑顔でいることは自身や他者に幸福感と心身の健康をもたらすと考えられる。

　しかし、接客においてはいつも笑顔でいればよいというわけではない。

　「不謹慎」「無礼」「感情を逆撫でる」という言葉があるように、私たちの生活においては笑顔であることが周囲に否定的な効果をもたらすことがある。相手の感情に対して適切であると考えられる感情で応対することが重要である。

　たとえば、相手が「怒り」を示しているときに笑顔（幸福感）で応対することは望ましいとはいえない。一層怒りを助長する可能性もある。相手の怒りに

は、心配や反省を示すような「悲しみ」の表情で応対することが妥当であると考えられる。しかし、怒りが二次感情であるときは、その背景にある一次感情にも注意を払う必要がある。

そして、相手が「悲しみ」を示している際も、やはり笑顔は望ましくなく、ともに「悲しみ」を示すことによる「共感」が応対としては妥当であると考えられる。

一方、相手が「恐怖・不安」を感じているときは、相手の安心感を促すような「笑顔」が妥当であると考えられる。しかし、過剰な笑顔は侮辱されたと思われる可能性もあるので、微笑む程度の笑顔が大切である。

このように、相手の表情から推察される感情を理解し、その文脈と感情に則した感情状態で応対することが望ましいといえる。相手が幸福感を感じ、笑顔でいるときはこちらも笑顔でいることが大切である。

だが、先述したとおり、日本は否定的な感情が笑顔でマスクされやすいため、相手の作り笑顔の向こうに隠れている否定的な本心（感情）を察することができずトラブルに発展してしまうことも考えられる。

そして、真剣な決断が求められているときや深刻な商談などの際にも、その場の緊張感に耐え切れず場違いな笑顔を示してしまうことでトラブルにつながるケースもあるので注意が必要である。

（3）微表情

エクマン＆フリーセン（1975）は感情に連動した表情筋の動きについて、わずか1秒にも満たない一瞬の動きとして表れるものがあるとしている。それを「微表情（micro-expressions）」としている。

おもてなしとして、相手の表情から感情を理解するという技術をより高いものにしたいと考えるのであれば、このようなコミュニケーションにおける表情筋の一瞬の動きを適切にとらえられるようになることも有効であると考えられる。このような一瞬の表情筋の動きを適切にとらえ、カウンセリングに活用するという実践的な事例も存在する（椎野，2018）。

まとめ

本章では、おもてなしについて心理学の側面（とくにコミュニケーションと

感情のマネジメント）から述べてきた。

　日本は、「察しの文化」と言われるように、高文脈文化社会（High Context Culture）である。それゆえ、非言語コミュニケーションから相手の意図や感情を理解し、適切にコミュニケーションと感情をマネジメントしなければならない。

　現代社会は、ICT 機器の発展による高度な情報化社会となり、生身の人間同士がコミュニケーションをとる機会が激減した。このような社会生活は脳の前頭前野を衰えさせ、相手の感情を察したり衝動性をコントロールしたりすることが困難となりやすい。

　より質の高いおもてなしを行うためにも、日頃から人とのふれあいを大切にするとともに、相手の感情や欲求についてさまざまな角度から適切に理解できるようになることが大切である。

▶第10章

おもてなしの人的資源論

飯嶋好彦

　わが国のおもてなしへの注目が国境を超えて諸外国へ広がるにしたがい、おもてなしの提供を主たる事業とするサービス組織（以下「おもてなし組織」という）と、そのフロント・オフィスで働く従業員（以下「おもてなし人材」という）の重要性が高まっている。

　しかし、この認識に反して従前のおもてなし研究では、おもてなし人材の言葉づかいや所作などの外面的な要素ばかりが俎上にあがり、おもてなしに適した人材とは何かや、その適性を見極める手法、または組織全体のおもてなし力を向上させるための仕組みなどのより本質的な人材マネジメントについては、ほとんど議論されてこなかった。

　そこで、本章はまず、おもてなし人材の適性とそれを見い出す手法について考察する。次いで、従業員個人のおもてなし力を糾合し、組織全体のそれを高めるための仕組みを議論する。

　一方、顧客ニーズの多様化、国内市場のグローバル化、低迷する労働生産性や人手不足などにより、おもてなし組織を取り巻く経営環境が急変している。そして、その変化は、今後のおもてなし人材のマネジメントに多大な影響を与えると思われる。

　そのため、本章の後段では、昨今の経営環境の変化がおもてなし人材のマネジメントにもたらす変革について論述する。

第 1 節　おもてなし人材の適性とそれを見極める手法の必要性

　おもてなしは、施設、空間、または設えなどの物理的な要素によっても創出

できるが、その主たる提供者はおもてなし人材である。そして、おもてなしは、従業員の行為であるから、それを適切に遂行できる人材が欠かせない。しかし、その「適性人材」とは具体的に、どのようなスキルや態度をもつ人びとなのであろうか。

この人材について考えるとき、おもてなしの定義に立ち戻るとよい。なぜなら、「おもてなしとは何か」がわかれば、その提供に必要なスキルや態度が理解できるからである。

そこで、研究者や実務家が行ってきた典型的な定義の一例を示すと、下表10-1になる。これらの定義を子細に観察すると、おもてなし人材には、①顧客の立場に立ち、②顧客を気づかい、思いやる気持ちをもち、③顧客のニーズを先読みでき、④相手を喜ばせ満足させることが自分自身の喜びであると感じられ、⑤顧客が要求する前にさりげなく行動できることが求められていると推察できる。

だが、これらの気づかいや思いやりなどは、従業員の態度であることから、外面的な言動を見ただけではその有無を正確に把握できない。それゆえ、従来の筆記試験や面接試験だけでは、その発見が難しく、むしろ、応募者の内心を

表 10-1　おもてなしの定義

定　義　者	定　　義
EY 総合研究所(2015)	もてなす側がもてなされる側を家族や友人と同じように自分の世界へ迎え入れ、長く付き合いが続くことを願い、<u>相手を気づかい</u>思いやり、<u>相手の期待を先回りして読み取り</u>ながら自分の持てる全てで誠心誠意、<u>さりげなく</u>相手を喜ばせようとする行為
長尾・梅室(2012)	相手を喜ばせ、満足してもらうために<u>相手の立場に立ち</u>、相手の目的・状況・ニーズに合わせて<u>気配り</u>し、それに基づいて行う直接的または間接的な行為
石山・島田(2018)	相手を大切に思う気持ちであり、そのためには、何か役立つことはないかという気持ちをもつこと、<u>相手の立場</u>で考えること、<u>先を読んで行動</u>することが必要
近藤(2010)	客への<u>気配り</u>を意味し、かゆいところに手が届く徹底した気配りをすればするほど良いもてなしとなる
松本(2015)	相手のことを考え、人に気づかれなくても目に見えないところま<u>で気をつかう</u>、できることを精一杯行うこと．<u>言われる前</u>に相手の望むことを行うこと

注：下線筆者。
出所：筆者作成。

窺い知るための手段が必要になる。

　他方、内田・北山（2001）は、思いやりを、「①他者の気持ちを察し、その人の立場に立って考え、②他人の気持ちや状態に共感もしくは同情でき、③愛他的な行動などの向社会的な行動を起こすための動機づけになる」と解釈している。

　そして、「自分は涙もろいほうだとは思わない」、「一生懸命やっても失敗すれば意味はないと思う」や「つらい思いをしている人のために祈るような気持ちになることがある」などの22項目で構成されるおもいやり尺度を開発した。

　この内田・北山の思いやりの解釈はまさに、上述したおもてなしの定義から導き出した適性人材の態度とほぼ同一である。そのため、この尺度が実用化できれば、人事担当者の私見や勘だけに依存せずに、より科学的、客観的な手法での人材採用が可能になる。

　ただし、この尺度が実際に活用できるまでには、その有効性を学術的に検証し尽くす必要がある。また、尺度得点が高い人は同時に、おもいやり深いと顧客から評価されるのかを、サービス現場で確認することも重要である。そして、そのためには、産学間の連携が不可欠であり、その連携体制の構築が待ち望まれている。

第2節　おもてなし人材から組織全体のおもてなし力へ

　従前のおもてなし組織では、勤務年数が長い先輩社員をトレーナーに任じ、それを手本にして模倣することで仕事を覚えるという従業員教育がしばしば行われてきた。

　しかし、トレーナーの仕事ぶりには個人差があるため、見習ったトレーナーが異なると教育結果に差異が生じ、統一感が見い出しにくいという課題が残った。これは、トレーナーの働き方、仕事の進め方に基準がなかったためである。そこで、この基準を定め、誰が指導しても同じ品質のサービスが提供できるように改めなければならない。

　だが、それ以上に問題なのは、トレーナーの言葉づかいや身のこなしなどの外面は模倣できたとしても、彼・彼女がなぜ顧客の思いに気づいたのか、種々ある選択肢のなかからなぜある行動を選択したのかなどのトレーナーの内心は、それらが行われた時点で吐露しない限り、新入社員には得心できないこと

である。

　換言すれば、トレーナーが有する暗黙知を第三者にも理解しやすい言葉に変え形式知とすることで、それを新入社員と共有できる仕組みが不足していたことに問題があった。

　一方、暗黙知は、顧客との相互行為を通じて日々更新される。そこで、この暗黙知を形式知に変換する過程を繰り返し反復することが肝要になる。これにより、おもてなし組織内に知識や経験が蓄積され、新たな顧客価値を創造するための原動力が生まれるとともに、組織全体のおもてなし力を高めることができる。それゆえ、この変換過程をいかに創造するかが、おもてなし組織の命題になる。

　この命題を解決するための一手法として、従業員が顧客と接して知り得た知識、たとえば、顧客のニーズ、嗜好や不満、または改善すべきサービス提供手法などを積極的に発表させ、組織構成員全員で共有するという仕組みが考えられる。

　しかし、発表機会をつくれば発言が増え、顧客対応が改善され、結果として組織全体のおもてなし力が向上するとは限らない。究極の目的は、組織全体でのおもてなし力の向上であり、従業員の発言はそのスタートに過ぎない。

　そこで、暗黙知の表明を始点とし、組織全体のおもてなし力の向上を導き出すための何らかの仕組みやインセンティブが必要になる。その一例として、東京ディズニーランドなどを運営する株式会社オリエンタルランドでは、下表10-2 に示した5段階の報奨制度を導入し、「暗黙知の形式知化→新たな顧客価値創造→おもてなし力の向上」という一連の仕組みを創出している。そして、

表 10-2　オリエンタルランドの従業員報奨制度

報奨制度名	報奨制度の概要
Performance Improvement Award	パフォーマンスの向上を実現し、顕著な貢献・功績を残した案件
Guest Experience Award	ゲストの体験価値の向上を実現した案件
Safety Award	安全性の向上を実現した案件
Cost Performance Award	経営資源を効率的に活用した案件、リスク等を軽減させた案件
Special Award	その他会社が特に貢献・功績を認めた案件

出所：株式会社オリエントランド HP「企業風土と ES（従業員満足）」
http://www.olc.co.jp/ja/csr/5daiji/relation/recognition.html、2018 年 10 月 30 日最終閲覧。

このような仕組みが、全てのおもてなし組織に求められている。

第3節　おもてなし人材マネジメントの変革をもたらす 経営環境の変化

（1）低迷する労働生産性

　わが国の労働生産性は全般的に、特に飲食・宿泊業、小売業や運輸業などの おもてなしの提供を主たる事業目的にした産業のそれは、諸外国と比べて著し く低いことが知られている。

　たとえば、日本生産性本部の「労働生産性の国際比較 2017 年版」によると、 2016 年のわが国の就業 1 時間当たりの労働生産性は 46.0 ドルであり、OECD 加盟 35 カ国中 20 位、米国の 3 分の 2 の水準にすぎない。そして、主要先進 7 カ国中、1970 年以降最下位の状態が続いている。

　これを産業別に捉え直すと、わが国の労働生産性（2010 ～ 2012 年までの平均） は、製造業で米国の約 7 割、サービス業全体で約 5 割である。さらに、このサー ビス業のなかでも、運輸業が 44.3％、卸売・小売業が 38.4％、飲食・宿泊業 が 34.0％となり、生産性の低さが顕著である。

　確かに、青木（2013）がいうように、「本来のおもてなしは、お金が介在し ない心遣い」であり、米国のように、「客に対してここまでやればこのくらい のチップを払ってもらえるのは当然だ」という打算的な考え方はわが国の風土 に合わないのかもしれない。

　だが一方で、わが国では、対価支払のないサービス提供が一般化しており、 これが労働生産性を低迷させていると考えられる。そして、低い生産性は、雇 用条件の改善に結びつかず、優秀な人材の確保を困難にする。また、グローバ ル化した現在、この数値の高低は、組織の市場競争力を左右する。

　そこで、おもてなし組織は、無償のサービス提供に歯止めをかけるか、サー ビスの代価を高く設定することで、この労働生産性の向上をはからなければな らない。要は、労働生産性とおもてなしのあいだの調和が求められている。

　だが、そのまえに、自己の経営資源の多寡や市場ポジショニングを勘案しな がら、提供すべきおもてなしの範囲を改めて査定する必要があろう。そして、 それは、次に述べる顧客の絞り込みと強く関連する。

(2) 顧客ニーズの多様化と国内に生まれたグローバル市場

　おもてなしの定義で述べたように、従前のそれは、顧客ニーズを予め「察し」て、要求されるまえにそれを提供することに主眼が置かれていた。しかし、顧客ニーズが多様化する現在、果たしてこの「察し」が本当に可能なのだろうか。

　日経ビジネス（2018）が日本人を対象に行った調査によると、優れたサービスと考えられてきた「バックヤードに戻る店員が行うの売り場に向かっての一礼」、「商品の汚れや破損を防ぐための多重包」、「タクシー運転手が車外に出て行う客席ドアの開け閉め」などは、必ずしも全回答者に好まれているわけでなく、「嫌い」と考える人もかなり存在していた。

　また、「開店時入り口に店員らが並んでの一斉挨拶とお辞儀」や「会計が終わった商品を持っての店の出口までの見送り」は、むしろ「嫌い」と考える回答者の方が多かった（表 10-3 参照）。

　この日経ビジネス誌の調査結果から、おもてなし組織があるサービスを高品質と判断していても、それが顧客に支持されるわけではなく、むしろ顧客が異なれば嫌いなサービスとしてとらえられる可能性があることが推察できる。それゆえ、心のこもったおもてなしを創出しているつもりでも、顧客ニーズの違いを理解していなければ、独善に陥る。

　他方、わが国を来訪する外国人観光者は、2017 年度に約 2,869 万人に達し、2020 年度にはこれが 4,000 万人、2030 年度に 6,000 万人に高まると期待されて

表 10-3　日本人消費者が好きなサービス・嫌いなサービス　（人）

バックヤードに戻る店員らの売り場に向かっての一礼		開店時入り口に店員らが並んでの一斉挨拶とお辞儀		商品の汚れや破損を防ぐための多重包装	
好き	嫌い	好き	嫌い	好き	嫌い
222	103	133	223	255	108
会計が終わった商品を持っての店の出口までの見送り		タクシー運転手が車外に出て行う客席ドアの開け閉め		ホテルや旅館などで従業員が部屋まで荷物を運ぶこと	
好き	嫌い	好き	嫌い	好き	嫌い
170	242	211	152	473	78
温かいものと冷たい食べ物を別々の袋に分けて入れること		電車車内での到着時刻や乗り換えなどの案内		「おかわりいかがですか」などの声かけ	
好き	嫌い	好き	嫌い	好き	嫌い
604	14	557	24	372	111

出所：日経ビジネス（2018）、26-27 頁を用いて筆者作成。

いる。これが実現されれば、国内にグローバル化した市場が誕生すると同時に、おもてなしの対象が従前の日本人に加え、多様な国籍を有する人びとへと拡張されることになる。

ところが、日本生産性本部（2012）が、「米国と比べ日本のサービスの方が優れていることは何か」と日本人と米国人に尋ねたところ、両者の回答は必ずしも一致しなかった。

具体的には、「安心してくつろげる施設」、「安心してサービスを受けられること」や、「正確にサービスが提供されること」は、6 割以上の日本人回答者が、「日本の方が優れている」と答えたのに対して、米国人でそう考えた回答者は 5 割に満たなかった。

逆に、「施設・設備・備品の美的なセンス」、「スタッフに笑顔があること」や「スタッフが楽しそうに働いていること」は、日本人よりも米国人の方が、「日本の方が優れている」と評価する割合が高かった（表 10-4 参照）。

加えて、同調査は、中国人とフランス人を対象にして、米国人と同様に、自国と日本のサービスの優劣を質問している。その結果も米国人の場合と同様であり、日本人が「日本の方が優れている」と考えている日本のサービスが、必ずしも中国人、フランス人にそう認識されているわけではなかった。

さらに、番野ら（2017）は、個人主義意識が強い米国人やオーストラリア人などでは、コミュニケーションを通じて積極的に要望を引き出し、顧客を個別に対応することが必要になるという。逆に、台湾やインドネシアのように集団

表 10-4　米国と比べ日本のサービスの方が優れている点　（％）

	日本人	米国人
安心してくつろげる施設	69.3	42.2
安心してサービスを受けられること	68.2	47.1
正確にサービスが提供されること	64.1	49.0
施設等の使い方説明のわかりやすさ	52.7	36.0
施設・設備・備品の美的なセンス	31.8	59.1
スタッフに笑顔があること	39.1	54.2
自然環境を取り入れている施設	24.7	40.6
顧客が求めているものを察して動くこと	43.5	30.5
スタッフが楽しそうに働いていること	20.9	40.3

出所：日本生産性本部（2012）を用いて筆者作成。

主義が強い国ぐにでは、顧客との距離を取らない接客が好まれ、その要望を先取りして行動することが重要であると主張する。

　また、主客間の権力格差が大きいマレーシアやフィリピンなどの国ぐにでは、へりくだって丁寧な言葉遣いに心掛け、サービス提供に失敗したときはおおげさなくらいの謝罪が有効になり、その格差が小さいニュージーランドやデンマークなどでは、顧客と従業員が対等であるという意識をもって接客すべきであると述べている。

　このように、国際市場がグローバル化するにしたがい、おもてなし組織が対応すべき顧客は日本人だけでなく、外国人が含まれるようになった。そして、日本人のニーズが多様化しているように、外国人のそれも多様である。さらに、日本人が考える優れたサービスに対して、外国人が同様に高く評価するとはかぎらない。

　そこで、今後のおもてなし組織は、外国人の多様なニーズに対応するため、人手不足の穴埋めとして外国人を雇用するのではなく、その母国の人びとと言葉の壁がなく、その気持ちを汲み取ることができる人材として、積極的に活用する必要があろう。

　加えて、ニーズの多様化により、顧客をひとまとめに括って対処することが最早困難になってきた。それゆえ、おもてなし組織がなすべきことは、すべての顧客に対応することではなく、顧客対象を明確にして、対処すべき顧客ニーズを絞り込むことである、

　逆に、この絞り込みが存在しなければ、従業員は「察し」の対象となる顧客がイメージできず、結果として、顧客、従業員ともに満足を得ることができないであろう。

(3) 頻発する従業員離職

　わが国では、少子高齢化、団塊の世代のリタイア、または経済状況の好転などの理由から、2014 年以降有効求人倍率が 1 倍を超えるようになった。

　そして、厚生労働省が発表する「一般職業紹介状況平成 30 年 6 月分」の職業別有効求人倍率をみると、職業全体のそれが 1.37、事務的職業が 0.45、販売に関連する職業が 2.21 となる反面、相対的に接客が多く、おもてなしの発揮が求められていると思われる理美容などの「生活衛生サービス」や家政婦やベビーシッターなどの「家庭生活支援サービス(4.36)」、または「接客・給仕(3.91)」、

「介護サービス（3.63）」や「保健医療サービス（2.64）」などの職業では、この数値が平均値の 2 倍から 3 倍以上に高まっている。

　このことから、これらのおもてなし関連職業では、従業員を集めにくいことがわかり、欠員の補充がままならないことが推察できる。

　他方、厚生労働省の雇用動向調査を用いて従業員の離職率をみるとやはり、おもてなしに深く関連する「宿泊・料飲サービス業」、「生活関連サービス・娯楽業」のそれが著しく高く、たとえば平成 28 年度では、産業全体の離職率が15.0％であったのに対して、それぞれ 30.0％と 20.3％になっている。さらに、この両産業では、新規大卒者で入職後 3 年目までに離職した人の割合が約 5 割近くに達している（表 10-5 参照）。

　このようにおもてなしの提供を目的にする職業や産業では、従業員が集まりにくく、離職率が高い。ところが、おもてなし組織の主力は従業員である。それにもかかわらず、従業員の離職が頻発するのは。明らかな自家撞着である。

　この従業員の離職を招く要因として、雇用条件、職場の人間関係、リアリティ・ショックなどが考えられる。しかし、過去のわが国には、おもてなし組織を対象にした離職研究がほとんど存在しない。

　そこで、少子高齢化が進み、人手不足が顕在化する現在、おもてなし組織は、おもてなし力の向上を目指す前に、眼下で繰り返されている離職に真摯に向き合い、その抜本的な改善に乗り出さなければならない。

まとめ

　本章はまず、おもてなしの定義をレビューすることで、おもてなし人材が提供すべき「おもてなし」の内容を把握した。そして、それを具現化するために、

表 10-5　宿泊・料飲業と生活関連サービス・娯楽業の離職状況　（％）

離職状況 産業	平成 28 年度 離職率	新規大卒者のうち 3 年目までに 離職した者の割合		
		平成 26 年 3 月卒	平成 25 年 3 月卒	平成 24 年 3 月卒
宿泊・料飲　サービス業	30.0	50.2	50.5	53.2
生活関連サービス娯楽業	20.3	46.3	47.9	48.2

出所：厚生労働省「雇用動向調査」と「新規学卒者の離職状況」を用いて筆者作成。

おもてなし人材に求められている態度を明らかにした。加えて、その態度の有無を見極めるための一助として、おもてなし尺度を紹介した。

これに対して、おもてなし人材の能力だけに頼っていては、組織全体のおもてなし力の向上につながらない。むしろ、彼・彼女らが顧客対応で得た知識や情報を組織全体で共有し、既存の商品やサービス提供手法を改善・改良することで、おもてなし力が不断に高まると思われる。

そこで、本章は次に、おもてなし人材が個人的に有する知識や情報を統合し、組織力へと昇華させるための仕組みについて考察した。

これに対して、本章の後半では、今日のおもてなし組織が直面する経営環境の変化について述べ、その変化がおもてなし人材のマネジメントに与える影響について言及した。

▶第 11 章

おもてなしの
エンターテインメント論

田上　衛

　エンターテインメントとは芸能を介した「おもてなし」と言える。芸能とは人を喜ばせ楽しませるものであり、日本における過去の芸能、現代の芸能をみても人をもてなすという行為は変わっていない。

　その中心に存在するのが「アイドル」である。古代から現代にかけて、芸能の中にさまざまな「アイドル」を見ることができる。「アイドル」が芸能を介しておもてなしを行い、それをファンが受けてもてなしを返すような相互性も見られる。

　古事記からはじまり、中世の白拍子や江戸時代の遊郭の太夫の存在、明治時代の寄席で人気を博した娘義太夫に至るまで、それらは現代のアイドルと変わらない存在であり、江戸時代頃からはファンからのおもてなしという要素も見受けられる。

　現代のアイドルに目を向けると、アイドルとファンとの関係が変化してきている。その過程で「地下アイドル」が生まれ、そこでは「おもてなし」の要素が重要になってきた。

　エスノグラフィーの手法を用いた現状調査から、ライブ会場内のアイドルとファンによる相互のおもてなしが見受けられ、それがおもてなしの質を高める要因となっていることが明らかになった。地下アイドルはおもてなしを売り、おもてなしを産業化する最先端にいるのである。

　他方で、おもてなしの質を高めるためとは言え、過度なおもてなしの提供はそれ相応のリスクを伴うことも明らかになった。また、アイドルの活躍できる期間は短く、アイドルたちのその後のキャリアについても検討が必要である。

第1節　エンターテインメントの意味

　「エンターテインメント」について辞書やいろいろな書籍を調べてみると概ね「芸能・娯楽・もてなし」の3つの意味で使われていることがわかる。

　英語の "entertainment" を調べても同様である。"entertain" は「楽しませる」という意味と「もてなす」という意味で使われる。この語を "enter" と "tain" に分けると、"enter" が「入り込む、加入する」という意味があり、"tain" はラテン語の "tenere" が語源で「持つ、維持する」という意味がある。この組み合わせから「中に入ってそれを維持する」という意味になり、「その場を持たせる」から「もてなす」であり、またその手法としての芸能・娯楽という意味も生まれてきたものと考えられる。

　語源を踏まえて言えば、エンターテインメントとは芸能を介した「おもてなし」といってよいだろう。芸能とは人を喜ばせ楽しませるものであり、日本においても過去の芸能から現代の芸能に至るまで、その構造は変わっていない。そして注目すべきことは、その芸能の中心にはいつも「アイドル」という存在があることである。「アイドル」の原義は「偶像 idola」であり、芸能によって人々の憧れの対象となる。アイドルは芸能を介しておもてなしを提供し、それを受けた観客ももてなしを返すという「もてなしの相互性」が生まれてくる。本章ではアイドルの新現象としての「地下アイドル」に焦点を当て「おもてなしの相互性」について考える。

第2節　アイドルの源流

　古事記の一節に次のような芸能に関する記述がある。
　　（前略）天宇受売命（アメノウズメノミコト）が天の香山の日影蔓を襷にして、真析という蔓草を髪飾りとして、天の香山の小竹の葉を採り物に束ね、天の石屋の戸の前に桶をふせて踏み鳴らし、神が乗り移った状態で、乳房をあらわに取り出し、下衣の紐を陰部までたらしたのである。すると高天原が震動せんばかりに、八百万の神々がどっと笑った。（後略）
　　（中村（2009）「天の石屋（あまのいわや）」（現代語訳）から抜粋）
　天宇受売命が歌や踊りを披露することで八百万の神々が歓声を上げている姿

が記述されている。この様子は現代のライブも同形であり、天宇受売命がアイドルとしての役割を果たしていることがわかる。

　中世のアイドルとしては、静御前が代表的な人物として挙げられる。静御前は白拍子と呼ばれた舞女である。白拍子は雨乞いのような神事の中で熱狂的な喝采を浴びており、当時のトップアイドルだったことがわかる。

　江戸時代になると忘れてはいけないのは遊郭における遊女の存在である。遊郭には厳しい階層があって、太夫と呼ばれる最高級の遊女が豪華な着物に高下駄で通りを歩く姿は時代劇でもお馴染みで、当時の若い男女の憧れの的＝アイドルであったことは言うまでもない。遊女といえば、芸を売ると同時に色を売ったわけだが、色を売ることをその人が持つ色気を商品化したととらえれば、現代においても雑誌のグラビアで水着を用いた演出をするのと何ら変わるものではない。

　この時代からは観客であるファンの存在が目立ってくる。川添（2008）は烏亭焉馬という人物を紹介している。彼は大工の棟梁であり、歌舞伎の市川団十郎のファンとして猛烈に肩入れをした人物である。「三升連」という組織を作り、観客動員に協力し、劇場の中でもファンが主役の芝居を支える行動が見られるのである。ファンが演者をもてなす行為の始まりといえよう。

　明治時代では寄席において現代のアイドルのライブに近い光景が見受けられる。水野（1998）を参考に述べてみたい。当時の寄席では落語や義太夫が披露されていた。義太夫とは浄瑠璃の一種であり、歌と語りと三味線の演奏とが1つになっていて、当初は男性のみが演じていた。そこに段々と女性が進出し、それが明治の初年には「娘義太夫」として人気を博するものになっていく。その娘義太夫では、今で言うところの“おっかけ”や“ヲタク”のはしりのような存在が生まれていた。

　娘義太夫というだけあって、その演者は若く美しい女性であり、書生たちの人気を集めた。識者からみると演技に関しては不評だったらしいが、“おっかけ”は寄席でその演技の未熟さを穴埋めするかの如く、語りの合間に“ドースルドースル”と掛け声をかけて場を盛り上げた（この掛け声からおっかけ集団のことをドースル連と呼ぶようになった）。そればかりか観客動員、贈り物や演者の自宅まで行って家事手伝いをするような過剰な「おもてなし」を行っている。ファンが演者に対して演技をやりやすいようにもてなすことで、会場の興奮を高め、熱いライブを共に作っていたことが垣間見える。

以上のように、古代から近代まで時代を貫いてアイドルまたはそれに近い存在があり、アイドルの歌や踊り等のもてなしに対し、受け手の側もそれに応えるおもてなしを返し、近代になるに連れて、おもてなしを相互に実施していることが見えて来る。

第3節　現代のアイドル

(1) アイドルの定義
　現代のアイドルは、歌や踊り、モデル、TV 番組で活躍するアイドルなどと多様化してしまい、定義化するのは困難だと言われてきた。筆者もアイドルの語源から定義化できないかと試みたこともある（田上，2014）。しかし昨今ではアニメのキャラクターやボーカロイドと呼ばれる自己認識ができない存在までもがアイドルとして認識されている。そこで本章ではアイドルを以下のとおり再定義して進めていく。

アイドルの定義：歌や踊りまたはなんらかの身体的表現を行い、応援しているファンが存在する個人または集団で、その周囲の利害関係者に認知されている者

(2) アイドルの変遷
　現代のアイドル第 1 号と呼ばれているのが 1971 年デビューの南沙織である。以後、「花の中三トリオ（森昌子・桜田淳子・山口百恵）」、「UFO」や「サウスポー」等の楽曲で活躍した「ピンクレディー」が続く。
　その後に続いたのが松田聖子や「花の 82 年組」（中森明菜・松本伊代・早見優等）と呼ばれるアイドル達である。この頃になるとアイドルの中でそれぞれ個人のコンセプトの違いが明確になってきた。さらに、1980 年代後半には「おニャン子クラブ」等の個人ではなく複数のメンバーで構成されたグループアイドルが目立つようになってきた。
　1990 年代になるとグループアイドルが主になってくる。ファンとのかかわりが深くなってきたのもこの時代である。TV 番組のオーディション企画から生まれた「モーニング娘。」の場合は、CD を規定枚数以上売ることがデビューの条件とされ、ファンの力でデビューできた事例である。

　2000 年代に入ると地方で活躍する地方アイドルが増えてくる。グループア
イドルが本格的に混戦状態に入ったのもこの時代である。この時代では声優や
アニメキャラが歌った「アニソン」がオリコンで 1 位になる現象が起き、以後、
上位にランクインすることが常態化していく。

　2010 年代は、メディアでは一部のアイドルのみが目立ち、販売戦略の変化
から、ライブ会場を主な活動の拠点とする「地下アイドル」が登場してくる。
その数は現在、約 3 千組（約 1 万人）とも言われているが、正確な数字はわか
っていない。地下アイドルの成立事情については後述する。

　約 50 年のアイドルの変遷を見ると、アイドルが個人からグループ、アニメ
やボーカロイドへと広がり、今では誰もがアイドルになれる時代に変化してき
たと言ってよいだろう。

（3）アイドルとファンの関係

　アイドルの変遷とともに、アイドルとファンの関係も変化してきた。1980
年代までのアイドルはファンとの距離が遠く、アイドルとファンが直接話すよ
うな機会はほとんどなく、ファンもアイドルを雲の上の存在のような扱い方を
していた。しかし、1990 年代以降はファンの力でデビューするようなアイド
ルも出現し、ファンとのかかわりが大きくなってくる。そこで注目を集めるよ
うになったのが「地下アイドル」である。地下アイドルの世界では、ファンが
そのアイドルを支える、または育てる構図になっており、2000 年代以降はラ
イブや特典会での収入が大きな割合を占めるようになった。アイドルの浮沈に
ファンが大きな影響力を持つに至っている。

　地下アイドルの「地下」とは何なのか。ライブを実施する小規模な会場が地
下にあることが多いからというのが通説だが、しかし、ライブ会場は地下だけ
にあるとは限らず、メジャーデビューしたからといって活動自体が大きく変わ
らないアイドルもいる。メディアで取り上げられることが少なく主にライブ会
場のみで活動しているため、CD がライブ会場での手売りや通信販売なので全
国流通していない等の特徴を挙げる説もある。

　そこで、地下アイドルの行動の特徴から定義を探ることにする。地下アイド
ルの場合、基本的にライブと物販・特典会がセットで行われている。また、ラ
イブ会場は 200 〜 500 人程度の小規模な会場が多い。メジャーデビューしても
この活動が大きく変わらないアイドルが多く、この特徴から以下に示す定義を

本章における地下アイドルの定義とする。

地下アイドルの定義：小規模なライブ会場（500人以下）を主現場とし、ライブと物販（特典会）をセットにして実施しているアイドルのこと。

第4節「地下アイドル」の現状

(1) その成立の事情

　地下アイドルが乱立状態になった原因として次で述べる販売戦略の変化が挙げられる。

　音楽 CD はインターネットを利用したダウンロードや無料動画配信により図表 11-1 でもわかるように、生産数量は右肩下がりの状況になっている。その反面で、ライブの回数は右肩上がりの状況である。ライブを中心とした販売戦略に転換せざるを得なくなっている。

　映像と生では迫力が違う。CD はデジタル音源であるため、どこで聴こうが大きく変わることはない。しかし、ライブとなると 1 回きりなのである。そこにはデジタルにはないその場限りという空間を楽しむ要素が含まれるため料金を払ってでも見る価値があると考えられる。

　しかし、CD が売れないからと言って、そのままにしているわけではない。その CD に何らかの付加価値を付けることで売り上げを伸ばすことに成功した事例がある。今では多くの方に知られている「握手券」や自分の応援しているメンバー（以下「推しメン」）のメディアへの露出を増やすための投票券を封入して販売した AKB グループの例もある。

　AKB グループのコンセプトは「会いに行けるアイドル」である。実際にライブに行くと握手券を使って握手をし「推しメン」とコミュニケーションを取ることもできるのである。この事例が進化して CD に付いている付加価値部分だけを販売し、アイドルとファンとのコミュニケーションを「特典会」としてサービスを提供する方式が生み出された。たとえ CD が売れなくても、ある程度のファンが来場し、特典会を実施することで収入を得ることが可能となったため、このように乱立しても経営が成り立つ状態になったのである。

　この特典会が、これまで CD 販売、コンサートの実施のみでファンとのコミュニケーションを取ることがほとんどなかったアイドル業界にある意味で革命

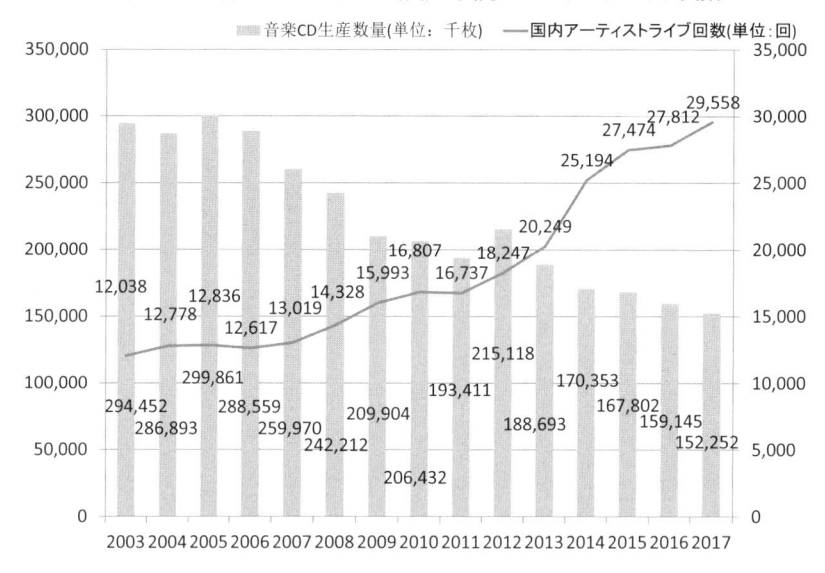

図表 11-1　音楽 CD 生産数量の推移と国内アーティストライブ回数

出所：一般財団法人日本レコード協会（2018）、一般社団法人コンサートプロモーターズ協会（2018）
　　　を基に筆者作成

を引き起こした。顧客であるファンとの接点ができたということで、そこに "おもてなし" の要素がこれまでにも増して重要になってきたのである。

（2）ライブ会場の風景

　以前、某大学においてアイドルについて講義を行った際に、地下アイドルを紹介したものの、約 70 人の受講者の全員が知らないという結果になった。一般的に知名度がない、まさに未知の世界なのである。かくいう筆者も当初は地下アイドルの現場がどういうものかよくわかっていなかった。しかし、研究対象を知らなければ何も始まらないため、エスノグラフィーの方法を活用した現場調査を実施した。

　エスノグラフィー調査とは、藤田・北村（2013）によれば「調査者が研究テーマに関わるフィールドに自ら入って、人々の生活や活動に参加し、観察を行う方法である」としている。この調査手法は、文化人類学で採用されているもので少数民族等の異文化や他者が対象となっており、実際にその民族と生活や行動をともにして、インタビューや経験したことを書き留めるような調査であ

る。

　地下アイドルの世界の現状確認のため行ったエスノグラフィー調査については以下のとおりである。調査実績については、図表 11-2 のとおり。

　　○調査期間：2016 年 8 月 20 日〜 2018 年 9 月 17 日
　　○調査場所：都内及び横浜、名古屋市内ライブ会場
　　○調査対象：地下アイドル（女性）、観客及び会場内

　このエスノグラフィー調査から得た結果をまとめライブ会場の現状について紹介する。地下アイドルのライブは、基本的にアイドル単独で行うことは少ない。複数のアイドルが集まってライブを実施することが多い。1 組あたり 15 〜 30 分程度の持ち時間で歌を披露し、物販・特典会を 1 時間実施することが 1 つのパターンとなっている。

　複数のアイドルのファンが混在しているため、会場内の前方は盛況であるものの後方では静観している観客が多い。また、女性比率が極めて低い。

　アイドルのライブが始まると前方中心付近には常連であるファンを筆頭に曲に合わせて掛け声（以下、コール）やペンライト等でその場を盛り上げる。この盛り上げによってライブ会場内が一体化するほど盛況になり、その一体感をアイドルと一緒にファンが作っているのである。

　ライブを盛り上げるコールには共通点があり、どのアイドルでも応用が利く。そのため一緒に盛り上がっているファンの中には別のアイドルのファンも多く見られ、推しているアイドルが 1 組ではなく複数存在するということがわかる。また、いつも見かけるファンの顔ぶれが多く、市場の狭さを実感できる。

（3）地下アイドルのマーケティング

　1980 年代のアイドルを例にとってみてもわかるように、ぶりっ子やクール、

図表 11-2　地下アイドルエスノグラフィー調査実績

期間	調査本数	会場数	調査組数	チェキ枚数
2016	10		83	2
2017	20	29	97	42
2018	38		250	178
合計	68		430	222

※組数はのべ数また個人も組として計上

出所：筆者作成

妹、活発等それぞれが違うイメージでデビューし、これだけでも差別化がなされていると考えられる。アイドルをヒットさせるためには差別化が欠かせないのである。変遷からもわかるようにアイドルは常に新しく、そして絶えず差別化を模索してきたように見受けられる。

　その集大成のような世界が現在の地下アイドルの世界である。グループアイドルが乱立しているため、同じようなコンセプトであれば、顧客の取り合いが生じる。そのため、明確な差別化が必要である。例を挙げると、「絶対直球女子！プレイボールズ」は名称からもわかるように野球振興をコンセプトに掲げており、全ての楽曲が野球に関する曲ばかりである。また、イベントに合わせた野球場でのライブ等、野球に特化している。

　「アンダービースティー」のコンセプトはヴィジュアル系ロックを正面に掲げているが、同じメンバーで「あんだーびーすてぃー」といういかにもアイドルの王道といったような可愛い衣装と曲のコンセプトも同時に持っており、その2面性の中のギャップを楽しめるコンセプトを持っている。

　地下アイドルの世界は、ライブ会場やCDの手売り等流通経路に関しては差があまりない。楽曲の良さや歌唱力やパフォーマンス力の向上はプロダクトとしての質の向上はもちろんのことであるが、コンセプトを明確に差別化することで、興味を引き出すことに大きな意味があると考えられる。

（4）地下アイドルの「相互おもてなし」

　現場調査の事例を紹介し、アイドルのおもてなしとファンからのおもてなしについて考えてみたい。

事例1：絶対直球女子！プレイボールズ（以下プレイボールズ）

　プレイボールズは、2015年に結成された野球振興をコンセプトにしたアイドルグループである。

　ライブ中は、ファンに手を振る、視線を送る等のレス（レスポンス）と呼ばれる行為を欠かさない。ファンもそのレスを受けると多くは笑顔で返している。

　ライブ後の特典会では、ファンとチェキ（ポラロイドカメラの縮小版のような写真）を撮影し、サインを書いたり、ファンと話したりできる時間になっている。その時間はアイドルによっても時間は一定ではないが、1〜2分くらいの短い時間である。その短時間を楽しんでもらえるように、アイドルはSNS

等を利用してそのファンの近況等の情報を収集し、対応しているのである。この SNS を利用した情報収集について、あるファンは「先に SNS で接点を持っていると初めての特典会でも気づいてもらえる。それこそが特典会の醍醐味ですよ」と語っている。

事例 2：TEARS ～ティアーズ～

TEARS は、2016 年に結成されたアイドルである。このアイドルは予約特典として手紙をファンに渡す場合がある。ほぼ毎日のように都内ではライブが開催されているが、動員数が少なければライブの時間割が悪くなったり、最悪の場合は呼ばれなくなったりする。そのため、どのアイドルも予約してもらえるように特典を付けるのである。

筆者が入手した手紙は、手書きで内容も SNS やこれまで特典会で話した内容から書かれたものばかりであり、全て内容が同じになることがなかった。アイドル本人に聞き取りをしたところ手紙用の便箋も本人が選んで購入しているとのことである。ファンに対しての気配りがわかる。

特典会は地下アイドルにとって大きな収入源であるとともに、顧客であるファンとの接点でもある。リピーターを確保できるかはここでの成否にかかっている。狭い市場で活動している地下アイドルにとってリピーターの確保は自分たちの活動を継続するための動力源になっている。

アイドルからおもてなしされるのはサービスを提供する側とされる側の関係であるため、当然と言えば当然の行為であるが、ライブ会場内では、逆にファンからのおもてなしが見受けられる。

ライブ中のファンは何もせずにただ聴いているだけでも構わないわけであるが、その空間を盛り上げるためにファンは大きな声でコールをし、ペンライトを振るのである。これもファンからのおもてなしであると言える。

特典会ではプレゼントをアイドルに対して渡しているところを見かける。また、メンバーの誕生日が近づくと生誕祭と題したライブが開催されるのであるが、ファンが自主的に企画し、花やケーキを用意する。それにかかる費用は、ファンがライブの際にカンパを募り用意する。これらは明らかにファンからアイドルに対してのおもてなしである。

地下アイドルの現場では、アイドルがもてなしファンがもてなしを返す。そ

のサイクルを回すことでアイドルとファンとの良好な関係はより強固なものになり、この「相互おもてなし」がおもてなしの質を高めることの要因となっている。

(5) おもてなしのリスクと将来の問題

　地下アイドルの特典会はおもてなしの質を高めることに貢献している。その質は常に高めていくことが必要とされるが、ファンが喜んでくれるからといって、おもてなしが過度になってしまう危険性もある。

　特典会では、握手やチェキを撮ってサインを書く、会話をするといった行為が一般的になっているが、一部では透明なプラスチックの板を挟んだキスや、公共の場所では過度と思われるような行為が見られる。

　あまりにも過度と思われるような行為は、ファンの意識を勘違いさせる方向へと導きかねない。アイドルの世界ではこれまでにもストーカーの存在が問題視されてきている。中でも、地下アイドルがファンから刺され重傷を負った事件が発生したのは記憶に新しい。このような事件は 2 度と起こしてはならないのである。

　これは、アイドルの世界における病理的な側面とも言え、大多数のファンはアイドルを憧れの的として応援しているのに対し、アイドルを偶像ではなく、一人の女性として捉える意識が強くなって、個人の独占欲が起こす問題であり、アイドルはあくまでも偶像と考え、常に全てのファンの憧れであると認識する必要がある。ファンに喜んでもらえることを実施し、そのファンをリピーターにしていく必要はある。しかし、そのための過度なおもてなしはそれと並行してリスクを伴うものであるということ指摘しておきたい。

　もう 1 つは「アイドルのその後」の問題である。アイドルは偶像としての憧れの的であり続ける必要がある。しかし、花として輝いていられるのは短い期間に限定されてしまう。見た目の容姿もさることながら躍動する若さには自ずと限界がある。そのため、アイドルは 10 代から 20 代前半が大多数を占めており、活動期間が短いことに問題が生じている。

　アイドルは一生の仕事としては難しい。しかしアイドルはライブや特典会において常に笑顔で愛想が良く、ファン一人ひとりに対応できるスキルを持つ。このような人材をホテルのフロントや CA、介護等のおもてなしを必要とするホスピタリティ産業等で活用していく可能性についても考える必要があると思

われる。

まとめ

　エンターテインメントはおもてなしを売ることである。地下アイドルの世界ではおもてなしを多彩に商品化し、おもてなしの産業化を進めているのだが、それが売る→買うという一方通行に終わっていないところに注目したい。アイドルのおもてなしに対してファンからもおもてなしが返され、「相互おもてなし」の世界が現出する。そこから相互の信頼関係が醸成され、芸能を媒介にした独自の「夢の世界」が楽しまれているのである。エンターテイン＝仲を取り持つという人間的な営みの理想の姿をそこに見出すことができるのではないだろうか。

▶第 12 章

おもてなしのイベント論

小澤考人

　本章では、現代社会を代表するメガイベントとして、オリンピックを事例に取り上げる。近代オリンピックは 19 世紀末に誕生し、20 世紀にはメガイベントへと成長しながら、21 世紀の現在、「おもてなしのイベント」へと新たな様相を呈している。「送り手」のためのイベントから「受け手」のイベントへと比重を高めつつシフトしてきたその意味について、観光・ツーリズムとの結びつきも含めて考察していく。またそれを（異質な）他者の存在を肯定し受け入れてきた経緯としてとらえ返すことで、現代社会におけるイベント論の可能性と意義について論じていく。

第 1 節　イベントと現代社会

(1) イベントとは何か

　私たちは今、「イベントの時代」を生きている。現代社会では、都市再生から地域振興、そして観光まちづくりなどに至る多くの局面で、スポーツ、音楽、アート、食やグルメ、その他さまざまなイベントが計画され、その効果に期待が寄せられている。2020 年の東京オリンピックや 2025 年の大阪万博のように注目度の高いメガイベントだけでなく、全国各地で多様なイベントが企画され、次々と実行に移されている。だがそもそもイベントとは何だろうか。まずはその定義から確認しておこう。

　一般的な意味合いを確認するために英語辞典で "event" の項目を見ると、「重要なできごと、事件。行事、催し、イベント」と表記されている。またイベント論に関する文献を参照すると、以下の定義が浮かび上がる。

「何らかの目的を達成するための手段として行う行・催事である」（イベント学会，2008）

「目的をもって、特定の期間に、特定の場所で、対象となる人々をそれぞれに、個別的に、直接的に "刺激"（情報）を実感させるメディアである」（同上）

要点をまとめると、イベントとは、①非日常的な形で特定の時間・場所で行われる活動として、②計画性と目的をもって行われるものであり、③総じて一種のコミュニケーション活動である、ということになる。三点目の「コミュニケーション活動」について補足すると、一方には企画者や演出家のように「送り手」がいて、一定の計画性と目的をもってメッセージを発し、他方では参加者となる「受け手」がこれを経験して何らかの形でリアクションを生じる、という構図を示すものとして理解できる。

かくしてイベントは、人類史の中で儀礼や祭礼、そして年中行事や通過儀礼などの形で、古来さまざまな形で人間の暮らしに登場してきた。今なおクリスマスやお正月等の慣習的行事として継続されているものも多い。だが興味深いことに、人類がまさに「イベントの時代」を迎えたのは、近代社会の局面以降であるといえる。以下この点を検討していくことにしよう。

(2) 万国博覧会とオリンピック

「イベントの時代」の始まりを象徴するのが、19世紀に誕生した万国博覧会とオリンピックである。では、それはどのようなイベントだったのか。

万国博覧会が最も盛大に開催されたのは、19世紀半ばから20世紀半ばの約一世紀間である。1851年の第1回ロンドン万国博以降、パリで6回、シカゴやニューヨークなど北米の大都市で6回開かれたのを筆頭に、欧米諸国の大都市で国際的な博覧会イベントがたびたび開催された。

万国博覧会は、英語で Great Exhibition や World Fair と表記されるように、何かを展示（exhibit）するイベントである。では何がそこで展示されたのかというと、それは先進各国が生産した工業製品や植民地から集めた大量の品々であり、いわば世界中のありとあらゆるモノや商品であった。実際1851年ロンドン万博の会場「水晶宮」の鉄とガラス、1878年パリ万博のエレベーター、1889年パリ万博のエッフェル塔など、万博会場自体が発明品であったほか、時計・写真・輪転機・ミシン・蓄音機などの機械製品から、電話・モーター・電車など電気テクノロジーに至るまで、産業革命を経た先進各国による最先端の工業

製品が展示されていたのである。このような展示手法や会場のあり方をつうじて、万国博覧会は消費空間のモデルとしてもその後の世界に大きな影響を残し、パリ万博やシカゴ万博から百貨店が、ニューヨーク万博からテーマパークが誕生したことも有名である。

　こうして 19 世紀半ばから数年ごとに実施された万国博覧会は、いわば近代社会を象徴するイベントとして、当時ヨーロッパを訪れた幕末・明治初期の日本人を含め、同時代を生きる人々を魅了したと言われている。なるほど現在から見れば、テレビやウェブ、スマートフォン等が日々大量に情報を提供する世界にあって、万国博覧会の存在意義とは何であるのかを理解しがたい点もあるだろう。しかまさにそうしたメディア環境の不在こそが、万国博覧会をして当時ほぼ唯一最大の国際見本市イベントとして存在意義を与え、それゆえに、産業革命後の世界をリードする近代国家が互いにその優越を競い合う象徴的な舞台として遂行されてきたのである。

第 2 節　近代オリンピックの誕生とその特徴

(1) 国民国家が競合する舞台空間

　「イベントの時代」の幕開けとともに、万国博覧会をモデルとして誕生したイベントがオリンピックであった。近代オリンピックの父クーベルタン男爵は、その発案に際し、1889 年パリ万博での実経験に影響を受けたという。1896 年第 1 回アテネ大会の開催後、第 2 回パリ大会と第 3 回セントルイス大会では万国博覧会の付属大会になるなど、当初は基盤の弱いイベントであった。しかし以後も 4 年ごとに開催が継続され、今ではオリンピックは万国博覧会と入れ替わるように最大級のメガイベントへと発展している。

　こうした軌跡の背景を考えるうえで、近代オリンピックの仕組みと特徴に注目しておきたい。第一に、オリンピックは競技場やスタジアムにおいて開催される。それはつまり、観衆の視線を集めるスペクタクル（見世物）の空間という側面があり、やがて巨大メディアの発達とともに、世界中の視聴者の注目を集めるメガイベントへと成長していく前提はこの点にあるいってよい。

　第二に、より本質的な側面として、オリンピックが「国際スポーツの祭典＝イベント」であるという点にかかわりがある。その含意とは、近代国民国家の枠組みを前提に各国の代表選手が参加するという、オリンピックの仕組みに由

来するものである。たとえば1908年第4回ロンドン大会以降、オリンピック競技大会への参加手続きは個人やチームごとの参加ではなく、各国のオリンピック委員会（NOC）をつうじて行われる仕組みとなった。ここから参加選手は、各国の代表選手という形を取ることになる。各国の代表選手の試合ということになると、スポーツ競技での勝利をめぐって国家間で優劣や覇権を競い合うことに結びつく。彼らのプレーを前に、スタジアムはごく自然に自国選手のファンとなって拍手や声援で盛り上がり、参加選手も応援する観客もナショナルプライドを喚起されやすい。スポーツ競技だけではない。開催都市の選出に際しては、国家間の招致レースを勝ち抜きたい、大会の開催に際しては、他国に劣らず盛大な大会を演出したいという意欲もわいてくる。いずれも広くは、ナショナリズムに由来する欲望である。その意味でオリンピックは「国際スポーツの祭典＝イベント」であるがゆえに、近代国民国家が競合する可視的・象徴的な空間として、ナショナリズムを誘発しやすい特徴をもっているのだといえるだろう。

　ちなみにオリンピック憲章には、「選手間の競争であり、国家間の競争ではない」と明記されているように、また「勝つことではなく、参加することに意義がある」というクーベルタンの名言が示すように、IOC はナショナリズムの過熱を抑制することに自覚的であった。だが現実のオリンピックの舞台では、例えばナチスドイツによるプロパガンダで有名な1936年ベルリン大会から近年のロシアによる国家的ドーピング、また国家間の熾烈なメダル競争などのように、ナショナリズムに伴う問題がしばしば発現しやすい傾向があったといえる。

　もっとも別の角度から見ると、ナショナリズムの欲望こそがオリンピックの発展の原動力になっていたと考えることもできる。実際、過去のオリンピック大会を含むメガイベントについて、世界地図上で一望すると、開催及び立候補都市は、まず西欧から北米へ、やがて東アジアや中南米・オセアニアへと、経済成長の地理的拡大を追いかけるように広がりを見せていく（町村，2007）。特に20世紀後半のオリンピックは、1964年東京大会や1988年ソウル大会などのように、対米一人当たり GDP が2割の新興国がその経済成長の過程で自国の国際的プレゼンスを表明する舞台ともなっていたことが判明する。その意味では、近代国民国家の枠組みを前提としながら各国の代表選手が参加して競い合うという仕組みは、ナショナリズムの欲望という原動力を媒介として、あ

る意味ではオリンピックの発展を促す大きな要因であったとも理解できる。

（2）「送り手」のためのイベント

　では、以上のオリンピックの軌跡について、イベント論の視座からはどのようにとらえることが可能だろうか。先取りして述べると、オリンピックはその誕生以来、長らく「送り手」のためのイベントであったといってよい。

　周知のように、オリンピックはその創始者クーベルタンの思い描いた「オリンピズム」の精神を具現化したものであった。それは第一に、古代ギリシャにおける自由人の理想と文化的背景を彷彿とさせる、心身のバランスの取れた理想的な人間像と結びついている。第二に、19 世紀後半の普仏戦争やその後のパリコミューンなど、国家間の紛争やナショナリズムの競合によって高まる内外の緊張を背景に、国際スポーツの場における各国の若者の交流と相互理解によって国際平和を実現したいとする、コスモポリタニズムの夢を伴うものである。つまり、このような「オリンピズム」という理想や夢を世界に伝える手法がオリンピック競技大会というイベントであり、そこにはスポーツの教育的価値をはじめ偏狭な世界観を克服する国際主義（インターナショナリズム）のメッセージが託されたのである。

　もっとも 20 世紀をつうじて現実のオリンピックは、覇権主義的なナショナリズムや新興国の国際的プレゼンスの表明の場ともなっていったのだが、この点も含め、総じて「送り手」がそれらのメッセージを伝える空間として、万国博覧会とともに「送り手」のためのイベントであったと総括できるだろう。

第 3 節　オリンピックとその現代的変容

（1）「受け手」のイベントへの転回

　かくして長らく「送り手」のためのイベントであったオリンピックは、20世紀末から 21 世紀の現代社会を迎える局面で、一定の大きなシフトを遂げたと考えられる。「受け手」のイベントへの転回ともいうべきこの変容の意味について、本節で検討していくこととしよう。

　1984 年のロサンゼルス大会は、ロケットマンが飛ぶ華々しい開会式や巨大企業のスポンサーに象徴されるように、オリンピックが商業主義へと大きく歩みだした大会として知られている。またイベント運営に伴う莫大な費用に対し

て、放映権料、スポンサー料、グッズ・物販、チケット収入のうち、特に放映権料を軸にまかなうモデルを確立した点で、現代スポーツビジネスの出発点とも評されている。商業主義化をめぐる賛否の議論にここでは立ち入らないが、今や巨大な資本とメディアの祭典と化したオリンピックの舞台に、スポーツやアスリートを取り巻く「消費者」や「視聴者」など、総じて「受け手」の存在が表面化してきたことは看過できない点である。

その延長線上で 21 世紀のオリンピックで際立ってきたのは、「観光客・ツーリスト」である。今ではありふれた自明の事実に見えるが、オリンピックと観光・ツーリズムが——特に政策立案者や観光客にとって——結びついたのは最近の現象であり、その出発点は 1992 年バルセロナ大会であったと指摘される（Robinson, 2016）。今では年間 3,000 万人以上が訪れるという世界的な観光都市バルセロナは、後に創造都市（クリエイティブシティ）のモデルとして知られることになる当時の戦略的なプロセスのもとで、都市空間と文化政策の共創によってその基盤が形作られたのである。そして 21 世紀初頭、IOC のオリンピック憲章で「よいレガシーを開催都市および開催国に残すことを推進する」（第 1 章）と表明されたことで、オリンピックはますます都市再生や観光振興と結びつく傾向が高まったといえる。

その象徴ともいうべき 2012 年ロンドン大会について、ここで概観しておこう。まず狭義の観光政策として、「英国政府観光政策 2011」では、英国自体のブランド化を企図した "Great キャンペーン " が戦略的に打ち出された。そのねらいは、メディアを活用したプロモーション戦略をつうじて、オリンピック開催に伴う海外からの集客効果を促進し、その成果を開催地ロンドンから英国全土へと普及させる点にあったといえる。1 億ポンドの誘客キャンペーンにより、今後 4 年間での外国人観光客 400 万人の増加、および 20 億ポンドの追加収入など、そこで掲げられた数値目標は、大会開催後に実際にすべて実現されることとなった。またロンドン大会の開催跡地は、かつての産業廃棄物による荒廃地や移民と労働者の閉鎖的な貧困地帯から、2012 年の大会開催によって、巨大なショッピングモールが併設された「居住・集客・ビジネス」の三要素を合わせもつエリアへと変貌を遂げる契機となった。さらに大会開催後の積極的なレガシー戦略の更新によって、現在新たに「世界クラスの文化・教育を核にもつ新しいロンドンのデスティネーション」として、テクノロジーと文化・アート・スポーツなど価値創造の次元を結集したクリエイティブシティ（創造都市）

写真 12-1　ロンドン大会の開催跡地

出所：筆者撮影

へと生まれ変わりつつある（小澤, 2017）。ここでの文脈において興味深いのは、かつて人が訪れない閉鎖的なエリアが、オリンピックを契機とした都市再生や観光振興策によって、多くの人が訪れる訪問先や観光目的地へと変化している点である。

　以上のように 2012 年ロンドン大会は、狭義の観光政策からメイン会場跡地の空間戦略に至るまで、多様な次元で観光・ツーリズムと深い結びつきをもつという意味において、「観光のためのオリンピック」ともいうべき形で遂行されたのである。そして 2013 年 9 月、このロンドン大会をモデルに招致活動を始めた東京が 2020 年大会の開催都市に選ばれたのである。2020 年東京大会に向けた準備のプロセスでも、「おもてなしの海外発信」をアピールしながら訪日外国人観光客の呼び込みが図られるなど、観光立国への動きと連動して進められている。

　以上をふまえると、19 世紀末から現在までの約一世紀超においてオリンピックが示してきた軌跡とは、ひと言でいうなら「送り手」のためのイベントから「受け手」のイベントへという変容の構図であったといえる。このように「受け手」の比重を高めたイベントのあり方を、観光・ツーリズムに伴う集客の要

素も含意しつつ、ここでは「おもてなしのイベント」としてとらえ、以下では
その可能性と意義について考察を進めていく。

(2) 他者を受け入れてきた軌跡

　以上のようにオリンピックは、今や「おもてなしのイベント」と呼ぶべき様
相を呈している。では、それが単に商業主義やツーリズムの高まりによるもの
なのかという点について再考してみると、もう少し別の文脈を考える必要があ
るだろう。ここでは補助線として、「おもてなし」の英語訳としても知られる「ホ
スピタリティ」（hospitality）の原義を確認しておくと、ギリシャ語の「フィロ
クセノス」、つまり「外来者への愛」という概念にさかのぼる。要するに、共
同体であれ既存の狭い世界の枠組みであれ、（その世界にとって）異質な他者
の存在を肯定し受け入れることを含意している。こうした理解をふまえると、
近代オリンピックの歩み自体に興味深い文脈が存在していることがわかる。

　この点は、オリンピックに誰が参加できるのか、という主題にかかわる。実際、
当初アマチュアリズムの理想を掲げたオリンピックは、労働者階級を排除しつ
つ成年男性に参加条件の限られた競技大会であった。だが 1928 年に女性選手
の参加が認められ、21 世紀の大会では参加競技数は男性とほぼ同数となって
いる。また労働者階級の参加を排除していたアマチュア規定の条項についても、
1974 年の削除によってプロスポーツ選手の参加が容認されていった。またい
わゆる国民国家の中で従属的な位置に置かれていた少数民族も、2000 年シド
ニー大会の開会式において脚光を浴びるなど、21 世紀の大会に至るまでに多
様な他者を受け入れる努力がなされてきた軌跡が浮かび上がる。

　オリンピックだけではない。「もうひとつのオリンピック」を語源とするパ
ラリンピックもまた、1948 年にイギリスのストーク・マンデビル病院での車
いす使用の患者によるアーチェリー大会を起源とし、1960 年のローマ大会か
ら本格的に開催されていった。2012 年のロンドン大会以降、たとえば義足の「ブ
レードランナー」をポスターに "Super Human"（超人）というロゴを組合せる
など、リハビリテーションを目的とした障がい者スポーツというイメージから
離陸し、アスリートが見せる超人的な力や技の実践をつうじて、卓越した人間
の能力がディスプレイされる場となっている。

　以上を合わせ考えると、要するに近代オリンピックの歩みは、いわば参加条
件のレベルにおいても多様な他者を受け入れてきた軌跡を描いてきたのであ

写真 12-2　"Superhumans" のロゴ

出所：筆者撮影

る。では、このようにオリンピックが他者へと開かれてきた理由は何かといえば、それは元をたどると「オリンピズム」の精神や国際主義（インターナショナリズム）の考え方にかかわりが深いといえるだろう。商業主義批判や IOCのスキャンダル、大会の赤字運営、環境問題など、しばしば多くの問題を伴いながらもオリンピックが存続されてきた理由の 1 つは、近代オリンピックが表面上の制度や枠組みを改変しながら、多様な他者の存在を肯定しその存在を受け入れてきた点にあると考えることができる。

第 4 節　現代イベント論の可能性と意義

　本稿では、近代社会以降の局面を「イベントの時代」としてとらえ、「送り手」のためのイベントから「受け手」の比重を高めつつ、「おもてなしのイベント」へと一定のシフトを遂げてきたオリンピックの軌跡を検討してきた。ところで、オリンピックという可視的・象徴的な舞台空間は、より全域的な社会性の場で起きていることをクローズアップした形で照らし出し、かつその変化を反映する傾向がある。いいかえるとオリンピックの現在の姿は、ある程度まで外部の変化を反映しているということである。そこで最後に、21 世紀の現代社会にとってイベントがどのような形で意味をもつのかという観点から、現代社会に

おけるイベント論の可能性と意義について言及しておきたい。

　冒頭でも述べたとおり、私たちは現在、「イベントの時代」を生きている。図表 12-1 は「イベント」を検索語として、1980 年から 2018 年現在までの期間について、有名な日刊紙に掲載された新聞記事の件数を示したものである。一見して、21 世紀に入る局面で「イベント」に関する記載や世間の注目度が圧倒的に大きくなっていることがわかる。この事実からも伺い知ることができるように、現代社会では、スポーツ、音楽、アート、食やグルメ、その他大小さまざまなイベントが遂行され、都市再生や地域振興など多様な局面でその効果に期待が寄せられている。たとえば日本社会では、21 世紀に入り別府オンパクや長崎さるく博のような、地域活性化イベントが注目を集めている。同じく海外に目を向けると、21 世紀初頭にヨーロッパで注目された都市再生の手法として、創造都市（クリエイティブシティ）の戦略がよく知られているが、この手法においても文化政策の一環として、アート・音楽・食など多様な分野のイベント活用が遂行され、集客や交流に伴う価値創出の一原理となっている。

　現代社会におけるこうしたイベントは、いずれも訪問客（visitor）・観光客（tourist）などを呼び込む形で、いわば集客の原理を伴うことで、都市や地域

図表 12-1　イベントの記事件数

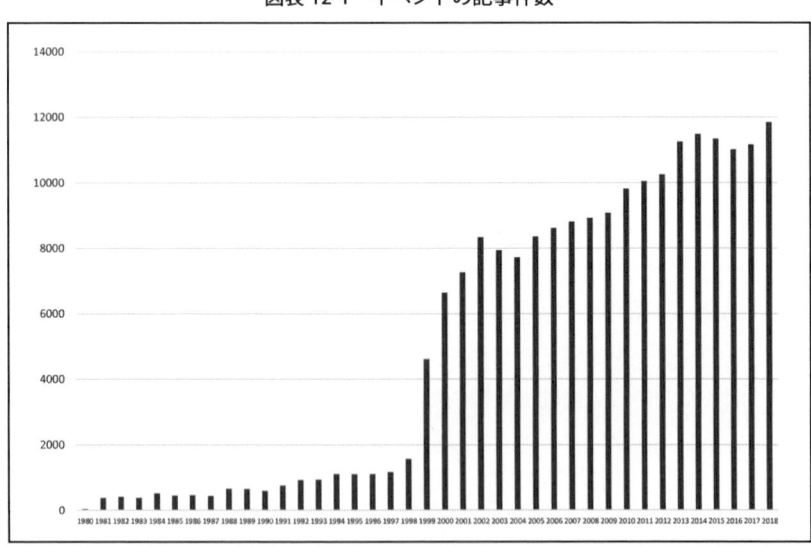

出所：ヨミダス歴史館より筆者作成

に活力を与えることに貢献する戦略的な手法として活用されている。このように　イベントを介して「訪れる人」のダイナミズムが都市や地域に多様性や流動性をもたらし、エネルギーや活力を生み出してゆくという枠組みにおいて、①「訪れる人」をいかにして呼び込むか、あるいは②「訪れる人」がどのようなインパクトをもたらすのかという論点が、現代イベント論の視点として重要な意味をもつことになるだろう。

まとめ

　以上のように本章では、現代社会において注目されるイベントについて考察を進めてきた。イベントとは、人類史の太古から慣習的行事を含む文化的に重要な所産を成すものである。だが現代社会では、ますますグローバル化する資本主義のもとで、多様な社会課題の解決に向けて大小諸々のイベントが活用される局面に入っている。そこでは「訪れる人」の力をどのように活かしてゆくことができるのか、また広義の「おもてなし」による集客を介してどのように魅力的な空間を築いていくことができるのか、といったことが問われている。それは少々大げさにいえば、イベントの活用ということが広義の観光学的な戦略とも結びついて、具体的な地域社会の活性化から都市空間のエリアマネジメント、そして魅力的な社会の構想に至るまで、多様な文脈で必要とされ、その効用が期待されているということである。その意味で現代イベント論の可能性と意義とは、現代社会における諸々の課題に対して、イベントが多様な文脈や条件に即していかなる形で応答し得るのかということを理論的かつ実践的に、またしばしば批判的かつ反省的に明らかにしてゆくことにあるのだといえる。

第13章

おもてなしの空間論
―人を喜ばせ楽しませることを意図した空間づくり―

山口有次

　本章では、空間の構成要素を人・もの・情報・建物・運営でとらえ、おもてなし空間を、利用者を喜ばせ楽しませる意図をもって計画された空間と定義した。そして、その計画理論として、プラス・ゼロ・マイナスの考え方と、利用満足度増大モデルによる時間量・心理量・コミュニケーションという3軸を示した。おもてなし対象の理解とそのためのデータベース構築・活用が欠かせないことも述べた。

　おもてなし空間の計画は、ゲストを喜ばせ楽しませるエンターテイメント性の視点として、リニューアル、参加体験性・ライブ性を挙げた。快適性を向上させるためピンボール効果を加味した休憩行動の支援も示した。快適と感じる一定の距離感パーソナルスペースと、同伴グループにとっての快適な距離感グループスペースにも配慮したい。無料 Wi-Fi、無料充電できる電源コンセント、スマホのアプリ活用、施設利用と相互に強く連動させる Web 活用も必須条件と考えられる。最新の情報機器も活用したい。

　高齢者・障がい者などの多様な利用者に対応するバリアフリーは社会的義務である。施設利用者に非常に詳細な情報提供し、計画根拠を説明すること、利用者行動を連続的にとらえて配慮することが重要である。どうしても対応できない場合は人の対応でそれを補完する必要がある。おもてなし空間の計画と運営は安全第一であり、多数の人で形成される群集流動のコントロールと適切な空間設定を合わせて施すことは欠かせない。

第1節　おもてなし空間の捉え方と構成要素

　レジャー施設に主眼を置いた「おもてなし空間」を捉える際、本章でいう「空間」の構成要素は、図表 13-1 に示すように、人・もの・情報・建物・運営を含んでおり、これらを有機的に組み合わせたものを空間とよぶ。『広辞苑』など複数の辞書で「空間」を横断的にみると、共通する概念として「物体が存在しない空いている所」あるいは「上下・四方への広がり」という無機的なものとされているが、本章の概念とは異なることに注意してほしい。

　その上で、「おもてなし空間」とは、利用者を喜ばせ楽しませ満足度を高める意図をもって計画された空間のことをいう。ここでは、意図をもって計画されていることが重要なポイントといえる。

第2節　おもてなし空間の計画理論

　おもてなし空間は、「プラス」「ゼロ」「マイナス」という 3 方向の考え方を踏まえて計画すべきである。プラスは満足の付加、何らかの積極的な施策の実行である。ゼロは、楽しい状態・良い環境の維持・保存である。マイナスは、ストレスや疲労の回避、マイナス要因の除去である。

　そして、おもてなし空間を利用する人の満足度を向上させるためには、時間量と心理量の両面を向上させることが重要である。そこで、1 つの考え方と

図表 13-1 「おもてなし空間」の構成要素

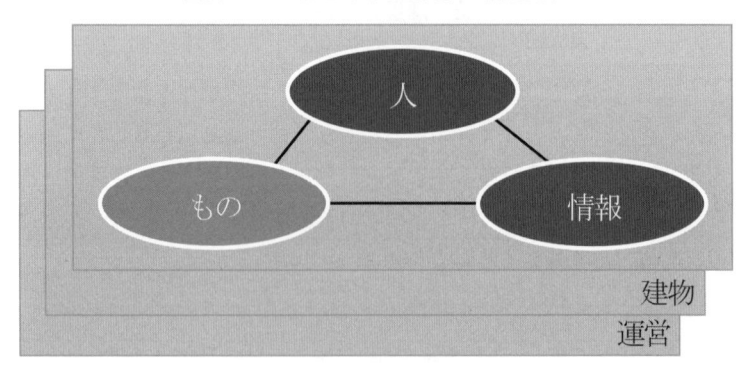

出所：筆者作成

図表 13-2　利用満足度増大モデル

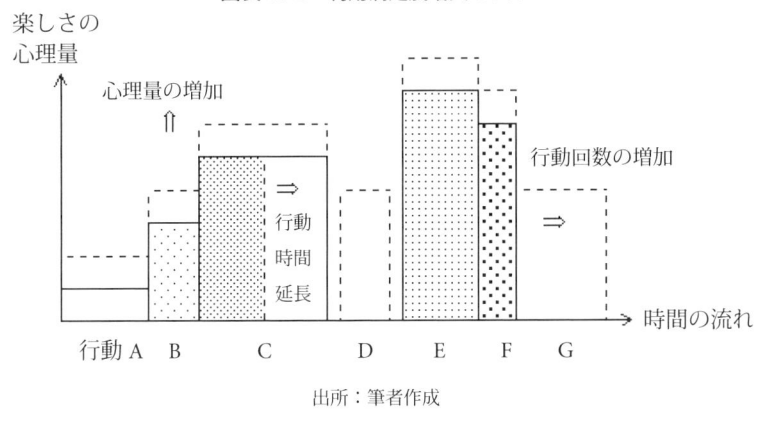

出所：筆者作成

して「利用満足度増大モデル」を例示する。これは、図表 13-2 に示すとおり、時間軸と楽しさの心理量の 2 軸から、ある観光行動による楽しさの心理量の時間的累積値（総面積）を増大させることを目指すものである。時間量を増やす、心理量を増やす、コミュニケーションを増やすことで時間量と心理量の両方を増やす、という 3 つの方向性がある。

　　利用満足度＝∫（行動時間×楽しさの心理量）
　　時間量：行動回数の増加
　　　　　　　行動時間の延長
　　心理量：各行動の楽しさの心理量の増加
　　コミュニケーション：行動の組み合わせや関連性による時間量と心理量の
　　　　　　　　　　　　増加
　この利用満足度増大モデルを用いて、顧客満足度を増大させ「おもてなし空間」が与える効果を最大限発揮できる方策を検討し、実行することが望まれる。

第 3 節　おもてなし対象の理解とデータ活用

　「おもてなし空間」における「おもてなし」は、もてなされるゲストが特に要望は示さずホスト側に任せ、ホストが考えるもてなしをゲストに提供することもある（図表 13-3）。ゲストから要望の意思表示があれば、ホストはそれに基づきもてなす。だが、ゲストの要望はあっても意思表示がない場合、ホスト

図表 13-3　ゲストの要望とホストのもてなしの関係性

ゲスト（もてなされる側の人）	ホスト（もてなす側の人）
特に要望なし・ホストに任せたい	ホスト側が考えるもてなしの提供
ゲストから要望の意思表示あり	ゲストの要望に基づくもてなし
要望あっても意思表示はなし	ゲストの要望を察したもてなし
ゲスト自身気づかない潜在的要望	ゲストの潜在的要望を読取り対応
特別なもてなしを求めない	特別なもてなしを押しつけない

出所：筆者作成

はゲストの要望を察してもてなす必要がある。ゲスト自身気づかない潜在的要望をホストが読取り、対応することも考えられる。ゲストが特別なもてなしを求めないケースでは、ホストがもてなしを押しつけないことも重要である。すなわち、もてなす側のホストは、ゲストが要望の意思表示をする・しないにかかわらず、ゲストの要望をできるだけ正確かつ詳細に把握すること、ひいては、ゲストを十分に理解することから始めなければならない。

　しかし、ゲストの要望とその意思表示の背景には、ゲスト自身の精神構造による個人差があり、条件、環境、社会情勢、流行なども影響するため複雑である。その要望は時と場合により変化する可能性があり、それを正確に把握することは難しい。そのため、客観的に観測できるゲストの行動データ、空間の使われ方を把握し、分析して、もてなしに反映させることが望まれる。以下に例示する項目について、ゲストのデータベースを蓄積し、有効活用することも期待される。この時、ホスト側がゲストをもてなすために活用するだけでなく、ゲスト自身もデータを有効活用できるようにするべきである。ゲストが主役となれるようなデータベース活用が必要であり、それがデータベース構築と有効活用の善循環を生むだろう。その際、データの即応性や、データ活用のステップアップが重要な視点となる。

　〈ゲストデータのデータベース化の項目例〉
　・利用者アンケート、利用満足度データ
　・利用履歴データ
　・消費データ
　・行動データ（行動軌跡、GPS データ等を含む）
　・個人プロフィール

- SNS 等のログデータ
- 情報受発信データ
- 日常生活データ

第4節　おもてなし空間のエンターテイメント性

　おもてなし空間において、ホスト（もてなす側の人）がゲスト（もてなされる側の人）を喜ばせる、楽しませることは、最も重要な機能となる。ただ、先にも触れたとおり、その基準は国や地域により異なり、個人差もある。それにあわせて対応方法も変わる。もちろん共通すること、普遍的なこともあり、それが変化することもある。

　たとえば、海外では、さまざまなイベント時に各種のドリンクや軽食が用意されることがある。長距離バスのなかにも同様のサービスがみられる。ゲストが空腹を感じた時、いつでも飲み食いできることがゲストを喜ばせる重要な「おもてなし」となっている。これは万国共通の「おもてなし」とはいえないだろう。

　次に、おもてなし空間のエンターテイメント性に関する視点を例示する。

（1）リニューアル

　1983 年開業の「東京ディズニーランド」は、それまで日本になかった、利用者を楽しませるサービスをふんだんに盛り込み、一躍レジャー業界のトップスターとなった。商業的に大成功した「おもてなし空間」の代表例といえるだろう。その“永遠に未完成”というコンセプトが注目され、レジャー施設における定期的なリニューアルの必要性を誰もが認識するようになった。

　ただし、レジャー施設は、一時的に大きな賑わいを生む一方、時間が経てば飽きられ陳腐化する可能性がある。賑わいを生みだすために、絶えず空間に変化を与えることは重要である。しかし、リニューアルの効果は短命化しており、やみくもにリニューアルを行っても効果を十分に発揮できない。

　今後は、利用価値を高めることから一歩前進し、利用者からみた施設の総合的な価値を高めていくことが求められる。利用者に新しい価値を与えること、そして、その多面的な価値を利用者に知らせ理解を得ること、そしてその価値が与えていることを常に確認することが大切である。

「おもてなし空間」としてのレジャー施設において、利用者の参加体験性・ライブ性を高めようとする新しい取り組みが随所にみられるようになった。参加体験性を高めるソフトウエアを任意に変えたり、その時にしか体験できないライブ性を高めるなど、多彩な楽しみ方が提供されるようになっている。

参加体験性やライブ性の向上は、まだまだ可能性は広がるであろう。その際、子ども向け・家族向け・カップル向け・若者グループ向けなど各種属性や目的・志向に合わせた利用ができること、要望に応じて他のグループやもてなす側の人とも交流することができること、そして、実施の際にもてなす側の負担を増やさず効果的に運営できること、実施することで利用効率を低下させないこと、利用時の安全性を確保することを考慮したうえで構築することが肝要である。

また、こうした参加体験性・ライブ性の向上は、利用者に強要するものではなく、多様な参加形態を提供し、利用者が参加・非参加を選択できることを前提とすべきであろう。

第5節　おもてなし空間の快適性

表面的に大きく主張するものではないが、「おもてなし空間」の重要な配慮として、ゲストの快適性を維持・向上する配慮が重要なポイントである。

以下には、おもてなし空間の快適性に関する視点を例示する。

(1) 休憩空間

大規模なレジャー施設や商業施設などには、ベンチやイスなどに座って、体を休めることができたり、ゆっくりくつろげる、いわゆる休憩場所が設置されている。だが、休憩場所を積極的に配置し、利用者の快適性をできるだけ向上させようとする施設がある一方、申し訳程度に設けられている、あるいは、まったく設けられていない施設もある。休憩空間そのものは売り上げを生み出さないため、重要性が低くみられているように思われる。

実際には、大規模なレジャー施設や商業施設において、休憩・飲食行動は、利用施設数を増やし、水平方向の歩行距離・垂直方向の移動階数も延ばし、滞在時間を延長させる、いわゆる"ピンボール効果"を発揮する。一般的には、飲食行動も休憩効果を持っている。レジャー施設においては、いわゆる休憩所

の利用だけでなく、さまざまな場面における休憩、すなわち体を休める、足腰への負担を軽減する機能を想定したい。

その意味で、トイレ休憩も、気分を一新させる効果が期待できる。トイレを面白おかしく演出することで、楽しい時間をとぎれさせない、そして、トイレそのものが話題になり、トイレを見るために客が訪れるなど、集客面でも効果も大いに期待できる。

「おもてなし空間」においては、量的にも質的にも充実した休憩空間を設けたい。

（2）快適な距離感

人間は、快適と感じる一定の距離感をもった空間単位 " パーソナルスペース " を潜在的に持っている。これより狭いと、利用者に心理的圧迫、居心地の悪さ、不快感を与え、逆に広すぎても心理的高揚が抑えられる可能性がある。不適切な距離感は楽しい空間づくりにマイナス効果をもたらす。

快適な空間単位を多少なりとも意識し、従来よりも広くてゆったり見られる座席を導入した映画館や劇場などが増えている。しかし、何となく経験的に、または無意識に距離感を決めているケースが多いのではないか。

レジャー施設においては、複数人数の同伴グループで行動することが多いため、グループを空間単位とする距離感 " グループスペース " を設定することも求められる。このグループスペースを、通路の広さ、テーブルやイス・ベンチの大きさや間隔・配置など、さまざまな空間設定に適用すれば、居心地のよい快適な空間を計画することができる。

「おもてなし空間」は、もてなされる人が快適に感じられる距離感を適切に設定することが不可欠といえる。

第 6 節　おもてなし空間の情報環境整備

おもてなし空間における情報環境整備の視点を以下に例示する。

（1）スマホ・Web 対応

スマートフォンやパソコンなどの情報機器は、社会生活において今や不可欠となっている。そのため、さまざまな場所において、それを活用する、その利

用を前提とする、その利用をサポートすることが期待される。

　まずは、無料 Wi-Fi、そして、無料充電できる電源コンセントの提供が挙げられる。そして、今後もさまざまな形でスマホのアプリを活用したサービスを有効活用していく必要がある。さらに、無料通話できるスマホや各種アプリを搭載した情報端末を貸し出すサービスを提供する施設もある。

　一方、Web サイトの閲覧や情報受発信を楽しむことも、ある種のレジャー行動である。そして、そうした利用者を楽しませる Web サイトは、レジャー施設にとって単なる情報提供・宣伝広告チャネルにとどまらず、施設利用を促進する重要な手段である。Web サイトを利用して楽しむレジャー行動は、情報交流によって実空間におけるレジャー行動を活性化させることにつながる。また、情報交流としての対人コミュニケーションが、人対人の直接的なコミュニケーションを促進する。そして、効果的な情報提供によって実際のレジャー施設利用を活性化し、施設利用からまた Web サイトへのアクセスを生み出す。

　このように利用者を楽しませながら、「バーチャル空間」としての Web 利用と、「リアル空間」としての施設利用を相互に強く連動させることは、「おもてなし空間」の必須条件と考えられる。

(2) 最新情報機器対応

　「おもてなし空間」を形成するため、最新の情報機器を活用することも考慮したい。たとえば、VR（Virtual Reality、仮想現実）、AR（Augmented Reality、拡張現実）、あるいは、プロジェクションマッピングといった映像技術、AI（artificial intelligence、人工知能）を駆使したコンピュータ技術も有効であろう。昨今では、ロボットがホテルのチェックインカウンターで出迎える、客室まで案内する、店舗の入口でゲストと対話して案内する、といったサービスロボットが登場している。今後も、人に依存しない接客サーサービスは、広がりを見せる可能性がある。

　「おもてなし空間」においては、最新技術を有効活用すること、ロボットによる接客サービスにどのように役割を分担するか、人はどのようにそこに関与し、人にしかできない役割を担うかを明確にしながら、もてなしを計画することが期待される。

第7節　おもてなし空間のバリアフリー

　不特定多数の人に利用されることが多いレジャー施設という「おもてなし空間」において、高齢者・障がい者など多様な利用者にとっての利用上の障がいを取り除くバリアフリー対応は社会的義務である。だが、その対象は多様であり、まだまだ十分に整備されているとはいえない。

　以下は、何らかのバリアフリー対応が求められる対象を例示する。

　　〈何らかのバリアフリーの対象例〉

- ・荷物を持った人
- ・ケガや病気の人
- ・妊婦・子どもを抱いた人・ベビーカー利用者・子ども
- ・肢体不自由者（車イス利用者、松葉杖利用者を含む）
- ・内部障がい者（食物アレルギー等）
- ・視覚障がい者（全盲、弱視）
- ・聴覚障がい者
- ・言語障がい者
- ・発達障がい・知的障がい者、精神障がい者
- ・認知症・躁鬱
- ・外国人

次に、これらのバリアフリー対象に向けたバリアフリー対応を例示する。

　　〈バリアフリーの対応例〉

- ・多様な媒体による詳細な情報提供
- ・障がい者用駐車場整備
- ・段差や凸凹のない床面整備
- ・障がい者対応・子連れ対応の多目的レストルーム整備
- ・視覚障がい者・聴覚障がい者向け情報提供、移動支援
- ・各種情報提供の多言語化
- ・食物アレルギー・ベジタリアン・ハラル対応
- ・もてなす側の人のバリアフリー教育

バリアフリー対応は必ずしも万能ではない。大多数の人には使いやすくても、一部の人には使いにくくなってしまう場合がある。これは、どんなに丁寧に対

応しても避けられない。そのため、施設利用者に対して計画根拠を説明し、どのような人に対応可能かを明示し利用を促すとともに、どのようなケースに対応できないかを明確にして、理解を求めることが望ましい。だが、この大切なことが実際にはほとんど行われていない。

　特に、障がい者は、施設における障がい者対応トイレの有無や移動制約の状況を、Web サイトなどを駆使して事前に入手することが多い。そのため、バリアフリー対応の状況と計画根拠をあわせて、利用者側に積極的に情報発信することが期待される。しかも、その情報内容は、たとえばトイレならば、出入口の幅から室内レイアウトとサイズ、多目的ベッドの有無とサイズ、便器の手すりの位置など、非常に詳細に情報発信することが望ましい。写真を添付しておくと、よりわかりやすい。

　こうしたバリアフリー対応において特に注意すべきことは、利用者行動を時間と空間の連続的なつながりとしてとらえ、部分的な対処だけでなく、利用者行動の連続のなかで対応策を総合的につなげて計画することである。

　一方、もの・情報・建物・運営を駆使しても、特定の利用者にどうしても対応できない場合は、もてなす側の人の対応でそれを補う必要がある。そのためには、バリアフリー対象に関する基礎知識から行動特性、そして、どのように接客すべきかをスタッフが理解し、何らかの実技研修を受けることが望ましい。実際にバリアフリー対象の状況を体感する、あるいは、バリアフリー対象と交流する機会を設けることができるとよい。

　そうしたバリアフリー対策の長年の積み重ねが、やがて誰にでも使いやすい"ユニバーサルデザイン"となる。

第8節　安全・安心というおもてなし空間の基礎要件

　「安全・安心」は、おもてなしの大前提であり、「おもてなし空間」の計画と運営は「安全第一」であることはいうまでもない。特に、大規模集客を伴う場合、多数の人で形成される「群集流動」に配慮した安全対策は欠かせない。そのため、群集のストレスをいち早く察知し、先手を打つよう誘導しなければならない。そして、群集流動のコントロールと適切な空間設定をセットで施すことで、安全対策の効果を最大限に発揮できる。

　たとえば、ディズニーランドが、もてなされる側のゲストに最高の体験を

提供するために重視している「人を大切にする運営」は、SAFETY（安全性）、COURTESY（礼儀正しさ）、SHOW（ショー）、EFFICIENCY（効率）の４つに集約され、この頭文字を優先順位の高い順にならべ「S・C・S・E」と呼んでいる。これは、さまざまなゲストに対応するキャスト（もてなす側のスタッフをディズニーランドではこう呼ぶ）の行動規範となっている。

SAFETY［安全性］

どの施設も技術的には安全が保証されているが、最終的に安全を守るのはキャストである。ゲストの安全を見守ること。そしてキャストの安全も保証されて、初めて良いショーを提供していくことができる。安全性はパーク運営において最も優先される。

COURTESY［礼儀正しさ］

礼儀正しく丁寧であることは、ゲストをもてなす基本である。ゲストの身になって誠心誠意サービスを提供すること。人と人の出会いを重視すること。そのコミュニケーションこそが素晴らしい体験をゲストに提供する。

SHOW［ショー］

パーク内のあらゆるものが、テーマショーという観点から考えられ、構成されている。期待を持ってパークに訪れるゲストのために、ショーは毎日が初演でなければならない。日を追って新鮮さを増すようなショーでありたい。

EFFICIENCY［効率］

安全を心がけ、礼儀正しく、最高のショーを提供していくことが重要であり、結果として最も効率を上げることになる。

安全対策に万全はない。安全対策も"永遠に未完成"であり、継続的に見直し、改善していく必要がある。

楽しさはマイナスの心理（不安、気分を害する、怒り、不満など）のない状態で成立する。そのため、マイナス要素を限界まで排除することが望まれる。

まとめ

　利用者を喜ばせ楽しませる意図をもって計画された「おもてなし空間」の根幹は、「人」と「時間」へのまなざしに集約される。そのため、人と時間の理解が、その空間設定の前提であり、安全性の確保もそこにつながっている。バリアフリーもそこを使うさまざまな人と時間への配慮である。エンターテインメント性、快適性、情報機器活用もすべて利用者である人とその時間の理解にかかっている。そのため、おもてなしの対象である人と時間をよく理解するためのデータベースを、いわゆる"ビッグデータ"として活用することが、おもてなし空間の性能に大きく寄与する。

　おもてなし空間は、"人間学"の知見の集積である。

▶第14章

おもてなしの景観論
―「景観によるもてなし」はいかに成立するか―

宮田安彦

　観光者は「まなざし」をもって観光地を訪れる。このまなざしに応えることが「もてなし」の本質である。まなざしは視覚的要素を中心とするため、観光地の街並み全体の景観がもてなしの有力な手段となりえる。では、景観によるもてなしを成立させるために観光地側が認識すべきまなざしとはどのようなものであろうか。

　現代日本人は、「ファスト風土化」の進行する居住地においてアイデンティティにもかかわる「場所性」を喪失し、その回復への欲求がノスタルジアの感情を生み、ニューツーリズムを特徴づけている。観光地は観光者のこうした欲求に基づくまなざしを認識する必要がある。

　そして「景観によるもてなし」を成立させるためには、実際の生活風景をもつことと地域の固有文化の文脈から逸脱しないことという2つの条件を満たすことでホンモノ性（真正性）を確保しつつ、高度成長期前の景観を保存・修景して、街としてのアイデンティティの連続性を示すことが求められる。

第1節　はじめに

　観光とは日常生活を脱する行為であり、観光者は長期の滞在でない限り、訪問先の観光地に、あるいはそこに至る道中も含めて自分の日常生活と異なるものを求める。社会学者のアーリ（Urry, 1990）はこの姿勢を「まなざし（gaze）」という言葉で表現した。そして観光客は、自身の体験や規範や様式といった、自身の所属する社会的枠組みによって影響を受けたまなざしをもって観光地を訪れ、通常より敏感な視線を風景や街並みに投げかけるという。

まなざしは観光者の期待を包摂する一種の象徴的な言い方であるが、期待される観光経験の多くを視覚的なものが占めていることもまた疑いのないことであって、そうであれば、視野の多くを占める景観、すなわち自然の風景や建造物や街並みなどの観光地の外観がその対象の中心になることはまちがいないだろう。もし、これらがもてなしの手段もしくは媒介物となるのであれば、それは観光地にとって大きな価値をもつものとなろう。

　本稿では、「景観によるもてなし」が成立するか、成立するとすればどのようなまなざしに対して成立するのかについて考察してみたい。

第2節　景観によるもてなしはあり得るか

(1) 景観ともてなし

　そもそも「景観によるもてなし」というのはあり得るものであろうか。

　まず、「もてなし」とは、客の期待に応えること、あるいは期待以上に接遇することであり、旅館やホテルの価値、観光地全体の価値と大きくかかわるものであるといえよう。客の期待には大小様々なものがあろうが、観光そのものに関わる期待はまなざしと言い換えられる。よって、もてなしとは観光者のまなざしに応えることだということができる。

　ところで、もてなしといえば、人（ホスト）による人（ゲスト）への人的対応であるとみなすのが一般的である。しかし、客に対する態度、待遇は直接的な人的接触だけで完結しないのは、高級ホテルとそうでないホテルの差がホテルマンの態度だけにとどまらないことからしても明らかである。すなわちホテル空間の余裕、調度品の上品さなどももてなしのメッセージを発していることは間違いない。つまり、もてなしのゴールは客人に何らかの意味での快適さ（アメニティ）を提供することなのであり、その経路はホストの態度や言葉だけでなく、ホストの人為的判断によって提供される空間や物にもある。

　このことをよく表しているのが茶道の茶会であろう。亭主は作法や会話のみならず、客や季節にふさわしい茶道具、茶室内の室礼、さらには外部の露地などにも心を配っている。堀（2018）は、のれんや障子の墨書は、お誘いの気持ちをより丁寧に示す「ホスピタリティ表現」だという。このように、もてなしは、ホストとゲストの直接的な対面の場面に限定されるのではなく、ホストの心配りが反映されたモノの選択や空間配置を通じた間接的な場面もふくむと考

図表 14-1　もてなしの類型

	人による	モノによる
集合的	地元住民とのふれあい 地元住民の生活風景	景観（街並み）
個別的	ホテルマン、女将・仲居等による接客	茶室の室礼 ロビーの空間デザイン 茶会のため火の灯された灯篭 店の入り口の暖簾

出所：筆者作成

えるべきであろう。

　この考え方に則り、視野を室内から室外、地域全体にまで広げると、建造物やそれらからなる街並みももてなしの一部を構成するとみなすことは、それらが人の配慮によって可変である以上、当然のことと思われる。ただし、自然の風景そのものは人為を加えることができないため、借景による演出を除けば、もてなしの手段とはなりえない。

（2）景観によるもてなしの性質

　景観（街並み）は家屋、道路、橋、電柱、看板などの建造物の集合から成っており、それらによるもてなしは、店先ののれんのようにその建造物の持ち主の気持ちだけで完成することはない。建造物の集合についての全体的な調和が必要となるからである。しかし、茶道の「侘び」のような共通の精神的・宗教的規範を適用できない景観は、所有者・管理者個人の好みや自治体の無思慮ですぐに全体の統一感が壊れてしまうという脆弱性を持つ。

　ただ、こうした建造物の集合についても、元来は風土に応じた自然素材で作るものであり、木材の性質から形や大きさに自動的に制約が加わっていたため、景観の美的な調和が自ずと確保されていた。日本の景観について語る樋口（1981）も、「意識的に以前と調和させようとしなくても、自然の平衡状態を保

った風景が、まさに自然に生み出されてきた」としている。ところが、戦後、化学製品などの新建材の普及で建造物を自由な形と色で作れるようになったため、この無意識の規制が解かれてしまい、施主の価値観・好みによっていかようにでも作り替えられるものとなってしまった。

　こうしたことを背景に、通常の住宅地においては住民の価値観のすり合わせが困難であることもあり、後述のように景観はどんどん損なわれてしまった。しかし、観光地、特に景観を観光資源と考えるところにとっては、景観によるもてなしがその付加価値となって他の観光地との差別化に寄与するものであるから、住民にとっての利害に関係する共益性を帯びるものとなる。つまり、全体的調和へのインセンティブが働き得るのだ。そして、もてなしは観光者のまなざしに応えるべきものであるから、観光地の景観のあり方は、観光者のまなざしをもって方向づけを行い、もって景観をその地のもてなしの有力手段とすべく、関係者間で協力するのが望ましい、かつそれは可能であるはずである。そのためには、その地が観光者のいかなるまなざしを意識すべきかについての見解を共有しておくことが重要になる。

第3節　観光者のどのようなまなざしに応えるか

(1) まなざしの変化

　では、意識すべきまなざしとは何か。もとより観光者の関心は多様であるが、ここでは近年の観光の大きな変化の中から、その抽出を試みる。

　1960年代、高度成長期の国民の所得増、大衆消費社会の成立に伴って盛んになったマスツーリズムの時代にあっては、各観光地においてその街並みの景観に対する旅行者のまなざしを意識する必要性は低かった。なぜなら、旅行者の多くはパッケージ・ツアーの参加者であり、それは名所・旧跡を数多く効率的に巡り、その後旅館やホテル内で楽しむことをパッケージ化したものであるため、1つひとつの名所をじっくりと味わい尽くすこともなく、ましてや旅館・ホテル周辺の景観にまなざしが向けられることはなかったからである。また、同時期盛んになった職場の団体旅行は、慰労と懇親が目的であり、館内での飲食、入浴に比重を置いたものであって、外部にまなざしは向けられなかったと思われるからである。温泉地を中心とする観光地はこうしたニーズに機能・設備面で大いに応える動きを示し、大規模団体を受け入れるために近代的なビル

に改築する旅館が相次いだ。こうして、多くの観光地において街並みの景観は劣化した。

　しかし、そうした流れはバブル期の 1980 年代のリゾート開発ブームをもって終焉し、成熟の時代に入った現在はニューツーリズムの時代を迎えている。すなわち、個人・家族でのフリープランの旅行や、環境、健康、農的生活、近代産業遺産、アニメなど、特定のテーマに特化した観光、そして、見るだけでなく、体験したり交流したりすることを目的とした観光の比重が高まっている。観光地と心理的により強く接触したいという欲求が高まっていることの反映であると解釈できる。また、津田ら（2002）による旅行雑誌『旅』の分析によれば、温泉地に求めるものは、バブル崩壊以前は慰労・懇親であったが、それ以降は情緒性、歴史・文化性を求める傾向が強まっている。このように、観光者のまなざしは、視覚以外の感覚、感情も含むものとなり、表面的な慰楽では満たされない複雑なものになってきている。

（2）日常生活における「場所」の喪失

　こうしたまなざしの変化の背景には、現代人がもつ実存的な問題がかかわっていると思われる。

　そもそも人々の観光動機として「脱日常」があったわけだが、それはポストマスツーリズムの時代においては自身のアイデンティティの模索をも意味している。社会学者のバウマン（Bauman, 2000, 2005）によれば、現在は、個人の行動の自由を制限するような手かせ・足かせがことごとく溶解した「液状化社会」となっており、その中で個人は常に変化を余儀なくされ、一度構築したアイデンティティも、職業上のそれを中心に、消費期限の切れた商品を棄てるように解体してはまた新しく構築するということを一生続けなければならなくなっているという。それゆえ、マキャーネル（MacCannell, 1976）がいうように、多くの人が本物の生活は今現在の日常生活ではなく、どこか余所に、あるいは別の歴史時代や異文化の中に存在すると思い、本物を探求する旅に出るということは大いに考えられる。

　ところで、個人のアイデンティティの形成には「場所」も関係している。環境心理学の知見によれば、人の居住する場所に対する愛着（地域愛着、近隣愛着、家庭愛着など）は人の基本的な欲求であり、また人のアイデンティティの一部（「場所アイデンティティ」）を形成する要素となっている。ところが、現

代社会においては、こちらについても大きな問題が存在している。

　消費社会研究家の三浦（2004）は、過去 20 年ほどの間に農村部が郊外化することによって、地域固有の歴史、伝統、価値観や生活様式をもったコミュニティが崩壊し、代わってファストフードのように全国一律の均質な生活環境が拡大したとして、この現象を「ファスト風土化」と名づけた。郊外の幹線道路沿いには全国どこでも同じようなショッピングセンターやガソリンスタンド、外食チェーン店、コンビニなどが立ち並び、食材や料理がその土地の風土や歴史と無関係なものになり、それが作る景観もまたその土地の歴史に関係のないものとなってしまったというのである。

　こうした状況は近代化と共に始まったといえるが、『「場所」論』を著した丸田（2008）が見たところ、それが急速に進んだのは 1980 年代以降のことである。高度成長期に都市に人口が流入した際、大都市の周辺部で「郊外化」が起こり、生まれ故郷を離れた人達が核家族を形成して住むようになったが、同様の現象が大都市圏だけでなく、全国の地方に拡大化したのが 1980 年代からだという。こうして大都市圏でも地方都市部でも三浦が言うようなチェーン店の店舗がその郊外に立ち並び、中心市街地を空洞化させながら、郊外に画一的な景観をつくっていったのである。原因は商業チェーン店だけではない、住宅の建築は地元の工務店が引き受けるのが以前の通常の姿であったものが、工期短縮を可能にする工法や新建材により安価に提供される、いわゆるハウスメーカーの無国籍的な住宅が全国に大量に広がったことも、「ファスト風土化」を助長した。

　地理学者のレルフ（Relph, 1976）の言葉を借りれば、これは「没場所性（placelessness）」と呼ばれる現象を招く。レルフは、「場所性」を構成するものとして、「静的な物的要素」、「人間の活動」、そして「意味」の 3 つの要素を挙げている。「静的な物的要素」は、建築物などからなる景観を指すとみなすことができるが、「ファスト風土化」の進行した日本では、なべてこの要素を失いつつある。「ファスト風土」における商業施設の興隆やネット社会の到来は、地域を介することのない消費行動を可能にし、外食や「中食」に代表されるような家事労働の「外部化」を助長し、近隣での助けあいや個人商店との半ば近所づきあい的な関係を消失させたのであり、「人間の活動」という要素もまた弱まっている。その結果、我々は居住地域にたいして「意味」を見いだせなくなっている。こうして私たちにとって、日常生活を営む空間は「場所性」を失ってしまっているのである。

　「人間の活動」が弱まると、「静的な物的要素」を維持、改善するための協同ができなくなってしまう。身の回りの景観が理想とずれてしまったとき、古来人間は、それを補正するため、たとえば海から離れた都で海景を模した庭園を作り出すといった「代償風景」を生み出してきたと、景観工学者の樋口（1981）はいう。しかし、景観のあまりにも早い変化、そしてコミュニティの衰退の中にあっては、地域で話し合いながら「代償風景」を作り出すのは不可能であった。

（3）昭和の風景へのノスタルジア

　現代人のもつこうした喪失感と無力感がノスタルジアの感情を喚起する。ノスタルジアを単なる懐古趣味、現実逃避として切り捨てようとする向きもあるが、『ノスタルジアの社会学』を著したデイヴィス（1979）によれば、人がアイデンティティの連続性を失う恐れから、これを確保しようとして起こるものであるから、いわば調和回復への自然な反応であるととらえるべきではないだろうか。職業の流動化により職業との関係でアイデンティティを継続するのが難しくなっているとしたら、その分、動かない空間との関係において形成されるアイデンティティが拠り所として注目されるのも理解できる。

　過去へのノスタルジアは、高度成長期終わりの 1970 年代には意識されていたが、バブルがはじけ、日本経済が完全に低成長時代に入った 1990 年代になると、多くの日本人がある種の喪失感を感じながら、ノスタルジアをより一層強く感じるようになったと思われる。たとえば、里山ブームが 1990 年代に起こったほか、2000 年代には映画「ALWAYS 三丁目の夕日」（2005）に代表されるような「昭和 30 年ブーム」が起こった。デイヴィス（1979）は、不運な社会的事件や突然の社会変化が起きると、社会の非連続性への不安から人々の間に集団的なノスタルジアが生じるというが、まさにそれが起こったということではないだろうか。

　このうち、「昭和 30 年ブーム」に関しては、物質的に豊かでも明るい未来の見えない現在とは異なり、貧乏でも未来を信じることができていた時代への憧憬がノスタルジアの主たる内容であって、「ALWAYS 三丁目の夕日」の中で東京タワーの建造が進行していくことに代表されるように、建築、景観に関しては、その変化を否定的にはみる感情は含まれていなかったのではないかと思われる。しかし、ここにはもう 1 つ、家族、隣人との濃密なつきあいへの懐かしみが明らかに込められていた。この要素については、家庭、地域という場所と

は切り離せないものである。同じ内容の憧憬が、同時期に公開された「クレヨンしんちゃん　嵐を呼ぶ　モーレツ！　オトナ帝国の逆襲」(2001) の中にも読み取れる。

　他方、1990 年代の里山ブームは、80 年代の環境問題の深刻化等を受けて、また 88 年に公開された映画「となりのトトロ」に刺激を受けて、失われていく自然や伝統的な景観からの乖離を憂える気持ちが高まったことによるものであると、里山の意義を論じた結城・黒田 (2017) はいう。こうしたことから、現代の日本における、「場」の喪失という、社会の「非連続性」に対する不安の感情を読み取ることは可能であろう。

(4) 故郷喪失と原風景

　「没場所性」は、地方出身の都市住民にとっては、丸田 (2008) のいう「故郷喪失 (displacement)」とも連動している。都市部に移住してきた人々にとって、以前であれば故郷はいつか帰るべき場所と位置づけられていたものの、農村部の「ファスト風土化」が進行してしまった現在、帰るべき故郷はすでに存在しない状態となっている。なぜなら、故郷の喪失を論じる成田 (2000) によれば、「故郷」という概念が成立するためには、過去の時間の共有、同じ風景・空間の保持、方言の存在が必要であるが、その中の有形部分である風景が喪失したことになるからである。

　望郷をテーマとした歌謡曲の歌詞の変遷から、都市移住者の故郷観・風景イメージの変遷を分析するというユニークな研究を行った藤井 (2000) によると、故郷である農村部は高度成長期に急速に変化し、1960 年代までは「ふるさと」(1914) に代表されるような「兎追いしかの山的なふるさとイメージをめぐる実景・実写の時代」はかろうじて存続しており、たとえ帰郷しなくても、望郷の思いを受け止める故郷は存在していたというが、「変わりゆく／変わり果てた実景を、にもかかわらず実写した時代」において人々の意識が記憶と現実の間で引き裂かれた時期を経て、ついには、故郷の姿が変わり果ててしまったことから実写に耐えられなくなり、北島三郎の「北国の春」(1977) のように、空想の中にあってほしい故郷を描き出すようになったのだという。

　故郷に対するイメージは、いわゆる「原風景」のイメージとつながっている。文芸評論家の奥野 (1972) は、原風景は「自己形成空間を作る心のイメージであり、時間的には幼年期と青年期に特に形作られるもの」だとして原風景が個

人ごとに異なることを示唆しているが、風景哲学者である木岡（2007）は、個人が知覚する「基本的風景」が語り合われることで集団によって共有される「型」としての「原風景」が生じるという。篠原（1986）も、『日本風景論序説—農の美学』の中で、原風景には、純粋に個人的なもののほかに国民的原風景とも呼ばれるべきものが重層的に共存しているという。樋口（1981）が、心の中で人が理想に思う風景には、自分が体験した故郷の風景だけでなく、人と環境の永年の相互作用を経て、誰もが共通して好ましいという感じる風景もあるとしているのも、同じことを言っていると考えられる。木岡がいう「語り合い」の中にはマスメディアも含まれると考えたほうがよく、故郷の実景が失われた今、フィクションの入る余地は高くなっているとは思われるものの、風景の変化の少なかった高度成長期以前を想定すると、確かに原風景のようなものが実在すると認めてもよいのではないだろうか。

　原風景のもつ心理的機能について調査した穐山（2000）によると、原風景は「自然」（手つかずの大自然のことではなく、身近で穏やかな自然）や「故郷」という要素から構成されると同時に、「もう一度戻りたい」「ほのぼの」といった心情が付着していることがわかっており、個人の幼少期の思い出を超えたイメージの存在と、ノスタルジアとの関係が示されている。

　これまで述べたように、住んでいる地域や故郷の「没場所性」に起因するこうした故郷喪失感、根無し草の不安定感から生まれるノスタルジアの感情は、もはや日常生活の中では満たすことができない。その結果、非日常・脱日常的な観光の中に人々がその感情の充足を求めていると考えられる。いわば過去の景観の「代償風景」をそこに見ようとしているのである。観光がニューツーリズムに向かって変化してきているのは、そして温泉地に「情緒」を求める傾向が強まっているのは、こうした気持ちの現れであると解釈できよう。まなざしには様々なものが考えられるが、観光者の底流にあるまなざしがこうした現代日本人の「社会的枠組み」（第1節参照）に影響を受けていることを観光地側は認識しておくべきだと思われる。

第4節　まなざしに応える景観

(1) 求められる景観づくり

　では、このような実存的な欲求を背景としたまなざしを意識する場合、観光

地はどのような景観づくりを心がけるべきであろうか。それは、一言で言えば、高度成長期以前の景観との連続性をもった景観であるといえる。「国民的原風景」を意識したものであるともいえよう。稗山（2000）のアンケート調査にあるように、「人と自然の共生を感じられる」「昔懐かしい感じがする」といった原風景の要素を取り入れるということである。

　そのためには、景観を急速に変化させた要素を除去する「修景」が求められる。建築基準法も変わっており、完全に元の姿に修景することは難しいであろうが、建造物の素材や形状、色彩などにおいて、伝統的建造物群保存地区に指定された地区をもつ自治体の条例などを参考に、修景することが望ましい。

(2) 景観がホンモノ（真正）であるために

　木造建造物の保存・修景においては各種の問題があり、防火規制もその大きなものであるが、ここでは「もてなし」に焦点を絞り、「真正性（authenticity）」を取り上げる。それは、景観がホンモノかどうか、別言すれば、本来の姿と関係なく観光客用に作られ、演出された偽物でないかどうか、テーマパークのような「つくりもの感」がないかどうかということである。もし観光者がフェイクであると感じてしまえば、観光者はもはやそこには「場所性」を見いだせなくなってしまうであろう。

　それでは、修景において真正さを確保するためにはどのような要素が必要となるだろうか。清水（2017）は、景観を修景する行為は、観光資源化を露骨に狙った「和風テーマパーク」を造成するだけであると批判している。だが、そうなるのは、現実の住民の生活の充実を考慮することなく、観光客集客のみを狙って修景を行うからであり、古くからあるものを実際の生活の要求とは関係なく無理やり修復、再現、維持、管理するからであると思われる。言い換えれば、現在の現実の居住者の生活や生業からなる「生活景」が成り立っていれば景観全体が真正なものだと感じられると推測される。日本建築学会（2009）から提示された、この「生活景」という概念は、生活者、職人たちの社会的営為によって醸成された自生的な生活環境のながめのことであり、人情味や人間らしさを感じさせる場所である。

　とはいえ、就業者の9割方が「雇用される」、つまりサラリーマンという形態の働き方をしている現在の日本において、ほとんどの街並みは生業とのかかわりにおいては真正性をもち得ない状態である。農村部における農家や集落の

景観はもちろんのこと、都市部においても、たとえば京都でいえば丸田町、魚屋町、塩屋町、材木町、扇町、紺屋町等のような「同業者町」が形成され、生業に応じた生活景があったはずであるが、現在の家屋はいずこも生産活動に無関係な消費の場となってしまっている。しかし、観光地、特に温泉地においてはまさに旅館業、土産物業が生業であるのだから、「生活景」の真正性は十分に成り立ちうる。

　さらに真正性は、その地の地域的特性との関係が問題になる。多くの場合、建造物の素材は地域内や中程度の流通圏内で賄ったことにより、建物や街並みは地域的特性をもっていた。また気候や生業との関係でもその土地ならではの景観が現出していた。たとえば、豪雪地帯では屋根の勾配が急になり、養蚕農家の多い地域の農家は屋根に塔が付け加えられたり、城下町では城主を上から見下ろさないよう町屋の二階部分を低くしたり、山陰地方では凍害に強い石州瓦が赤い釉薬を使うために赤を基調とした街並みが形成されたり…といった具合である。

　このように、その地の地理的歴史的文脈に沿った生活文化の特性を保持していることが、「和風テーマパーク」とも、博物館とも異なるところであり、その地の景観の「真正性」の証になるだろう。そうすると、先に触れた「国民的原風景」のイメージは、いわば全国に共通して最低限要求される、修景の必要条件であるということになり、その上にその土地特有の原風景を重ね合わせる必要がある。都市住民のノスタルジアが、「ファスト風土化」によって画一化され、没個性化した居住地における日常生活からの脱出し、本物の場を探求するものであれば、この地域毎の特性こそがこれに応えるものとなるのである。

まとめ

　いくら観光地に実存的なまなざしが熱く注がれても、それぞれの観光地の真正性はそれぞれの地理・歴史の文脈の上に成立するものである以上、よそ者である観光者が生まれ育った地域の「場所」をそのまま代償できるものではない。しかし、だからといって、観光地が日本人にとっての最低限の共通項である「国民的原風景」を体現することに意味があるのではない。観光者は、「ファスト風土化」の波にのまれることなく、街としてのアイデンティティの連続性を確保していること自体に安心を見出す。これは、アイデンティティの危機を乗り

越えようとする集合的ノスタルジアの感情を満たされることによる安心感である。つまり、観光者は、自分の生まれ育った「場所」そのものを代償してくれる点にではなく、そこがもっていた「場所性」を代償してくれるところに価値を見出すのである。

最近の観光の傾向をみると、多くの観光地で宿泊者が伸び悩む一方で国内旅行の日帰り客は堅調であるようだ。これは、移動手段の発達やネット情報の増加などで、たとえばちょっとおいしいものを食べに行くといった気軽な旅行が増えていること、つまり、観光地が都市部のレジャーの延長上にあるものとみなされてきているということを示唆している。しかし、裏を返せば、そうした観光地に観光者の深い欲求に応えられるような要素が見当たらないことも暗示しているのではないだろうか。

その地の旅館やホテルのホストによるもてなしの心がいくら熱いものであっても、観光者が宿泊しないならその思いは届かない。宿泊客減少という状況に対し、観光者を飽きさせないおもしろい観光スポットを次々に新設していこうとするよりも前に、その地の気候風土によって育まれた、衣食住の生活の地域内の統一性、調和性について再確認し、真正性について議論することが必要ではないだろうか。言い換えれば、その地域・街のアイデンティティとは何かを問い直すということである。それが、景観に代表される、観光地のモノを通じた集合的なもてなしのスタートとなるのだ。

なお、行政の効率化を狙いとした平成の大合併で、文化的にまとまりのある地域区分がぼやけてしまい、また伝統的な地名をなくした自治体も多く、「地域ごとの特性」の条件を満たすことは、かなり困難になっている。よって、観光地の景観によるもてなしを成立させるためには、行政の枠にとらわれない取り組みが必要となる場合もあるということを指摘しておきたい。

▶第15章

おもてなしの自然論
―人と自然の共生を求めて―

高橋　進

　日本では茶庭や大名庭園などで、"おもてなしの装置"として自然を利用してきた。日本の国立公園は、世界恐慌時に外国人観光客の誘致のために誕生した。今日でも東京オリンピック・パラリンピックを控え、経済政策の面からも外国人観光客（インバウンド）数拡大のアイテムとして、国立公園などの自然環境も重要な要素となっている。また、近年では、都市化の進展などにつれて自然から乖離し、その反動として自然回帰のために自然地に出かけ、あるいはガーデニングなど日常生活に自然を取り入れる自然余暇を重視するライフスタイルも盛んになってきた。こうして私たちは、さまざまな形で自然からの恩恵を享受し、いわば「自然からのおもてなし」を受けてきた。

　他方、古代から世界各地では、自然と人間とが対等な関係、あるいは人間も自然の一部である生活風土が形成されてきた。今日の私たちも、人間が一方的に自然からもてなし受けるだけではなく、自然に対してもてなしで応えることが必要だろう。その「自然に対するおもてなし」とは、とりもなおさず「自然の保全」であり、それによって真の自然との共生が成り立つのである。

第1節　自然でもてなす（1）茶湯と庭園

（1）茶道の誕生とおもてなし

　本書のテーマ「おもてなし」の究極の象徴の1つといえるのが、亭主と客の精神交流を道にまで昇華した「茶道」ではないだろうか。茶道の元となった「茶湯」は室町時代後期に始まったとされ、そこでは茶会料理もふるまわれたというから、ユネスコ無形文化遺産和食のおもてなしと同根ともいえよう。

奈良時代末に中国からもたらされたという団茶は普及しなかったが、建久2（1191）年に臨済宗の開祖でもある栄西が宋からもたらした茶は、薬として飲用されるようになった。その後、寺院での茶礼・点茶、武士や上流階級での闘茶をはじめ、一般民衆にまで飲茶の習慣は広まっていった。他方で、いわゆる茶道が体系づけられたのは、室町時代中期の村田珠光からであり、桃山時代に入って千利休により完成の域に達したとされる。

万事に絢爛豪華が好みだった豊臣秀吉は、1587年10月1日に北野天満宮で世紀の大茶会「北野大茶湯」を催した。これには、公家、大名、商人などだけではなく、一般民衆も含めた"茶をたしなむ者"千有余人が参加したことで知られている。また、秀吉は3畳敷で運搬可能な組立式の黄金の茶室を各地で開催した茶会で使用したことでも知られる。それに対して、武野 紹鴎や千利休によって完成された草庵茶席は、茶の湯の真髄としての"わび"を求めたものとされる。京都郊外大山崎町の臨済宗寺院妙喜庵には、唯一現存する利休作の国宝指定茶室、待庵が残されている。現代人が一般的にイメージする茶室（草庵茶室）は、無用なものをそぎ落とした質素なものであり、その茶室空間にアクセントを添える掛物や茶花・花入には、自然物が取り入れられることも多い。

(2) 庭園とおもてなし

茶室には茶庭（露地）が付随する。茶庭は、茶室にいたる道すがらの限られた露地に、蹲踞などの石造物の見立てによって侘びた山里、山路の風景を演出するものである。岡倉覚三（天心）はその著『茶の本』の中で、利休と子の紹安との露地の掃除をめぐるやり取りにおいて、「利休が求めたのは清潔のみではなくて美と自然とであった」と紹介している。すなわち、利休の露路とは、仏教の白露地の清浄さにも重なる山路や野辺の趣を表現した自然な姿であった。そこでは、おもてなしの場である茶室に至る「茶庭（露地）」までもが、一連のおもてなしの過程に組み込まれているのだ。いわば、「自然を用いたおもてなし」あるいは「自然でもてなす」仕掛けともいえよう。

おもてなしの装置として自然を用いる庭園は、茶庭だけではない。江戸時代初期の将軍秀忠の時代以降には、将軍が大名屋敷を訪問する御成には茶会がつきものとなり、この「数寄屋御成」のために庭園には茶庭が欠かせない装置ともなった。こうして、江戸の大名屋敷や各藩の城下町には、大池泉の周りに複数の茶室や茶庭を連続的に配置した回遊式の庭園などが設けられた。これらの

大規模な庭園（大名庭園）は、大名自身の慰楽の空間であっただけではなく、将軍御成の際の茶会の場、さらには他の大名家や家臣たちとの社交の空間、すなわち饗宴の場であり、"おもてなしの場"でもあったのだ。

（3）日本庭園の変遷

　おもてなしの場としての茶庭や大名庭園のほかにも、日本では古くから庭園に自然を取り入れてきた。今日、訪日外国人観光客にも称賛される日本庭園の変遷を概略してみよう。

　飛鳥時代あるいはそれ以前の古代貴族たちは、既に広大な敷地に大きな池と島を設けた庭園を造り、舟を浮かべて曲水宴を催していたという。庭園に大きな島を築いたことから「島大臣（しまのおおおみ、しまのおとど）」とも称された蘇我馬子の邸宅遺構、島庄遺跡は有名だ。この時代の庭園は、須弥山など中国から伝来した不老長寿の神仙思想と、磐座にも相当する自然石を使用した日本古来の自然物思想（アニミズム）とが融合したものでもある。

　その後の平安時代中期に全盛を迎えたのは、上級貴族層の住宅である寝殿に付随して作られた寝殿造庭園だ。寝殿の南面に広場、その南には池泉を設け、池に張り出した釣殿は魚釣りだけではなく、舟遊、納涼、月見などの場となった。さらに末法思想が盛んになると、阿弥陀堂を配して極楽浄土を地上に再現したような浄土式庭園が出現し、各地に広まっていった。

　鎌倉時代以降の武士の時代になると、石組を多用した浄土式庭園、さらに禅宗の影響も受けた枯山水庭園へと発展し、夢想疎石（国師）などの造園師が活躍した。同時期に発展した禅院の建築様式書院造と相まって、座敷から庭を眺めるという、今日では海外でも有名になった日本的庭園文化が完成した。その後の茶庭、大名庭園は、前述のとおりである。

（4）庭園と自然

　これまでみてきたように日本庭園では、自然を畏敬するアニミズム、その後導入された神仙思想や仏教の影響も受けて、住空間に自然を模倣・再現しようとし、そのために自然の縮小や象徴化の道を歩んできた。そして、客人のおもてなしも、庭園の自然という装置の中で営まれてきたのだ。

　自然を取り入れた風景を表現した庭園は、日本だけではなく、ヨーロッパでもイギリス風景式庭園として知られている。しかし、ヨーロッパ庭園の伝統は、

直線的な幾何学模様と左右対称（シンメトリー）で形成されていた。これは、キリスト教思想（旧約聖書創世記に記述される、自然は人間のためのものとして神が創造した）の影響で、人間が自然をなすがままに支配できることを象徴的に表していた。イスラム庭園の噴水や水路など水のコントロールも、基本的には同根である。不規則な曲線などで構成された風景式庭園は、これらの古典主義ともいえる整形式庭園へのアンチテーゼとして出現したものでもある。この点で、日本の庭園文化の伝統とは大きく異なるものといえよう。

(5) 現代に継承されるおもてなし空間

古都の寺院などに付随する日本庭園は、今日でも訪日外国人観光客をはじめ多くの人々を魅了し、感嘆させている。また、大名庭園は、東京などの大都市のオアシスともなっている。

東京都内には、水戸徳川家上屋敷の小石川後楽園、加賀藩の下屋敷を幕府から拝領した柳沢吉保の下屋敷だった六義園、小田原藩主大久保忠朝が上屋敷に築堤した楽寿園の名残の芝離宮など多くの大名庭園が、現在でも公園として残っている。また、史上最大の日本庭園といわれる尾張徳川家の下屋敷だった戸山荘一帯は、戸山公園ほか大学や公的施設用地となっている。そのほか、加賀藩前田家の上屋敷だった東京大学構内、加藤清正の子忠広の下屋敷で、のちに彦根藩井伊家の下屋敷だった明治神宮、日向飫肥藩伊藤家下屋敷だった明治神宮外苑、信濃高遠藩内藤家下屋敷跡の新宿御苑、紀州徳川家中屋敷跡の赤坂御苑など、現在でも東京の緑地空間の核を形成している元大名屋敷と庭園跡は、枚挙にいとまがない。

これらの公園緑地は、自然の減少した東京都内において人々の癒しの空間となっている。そして、かつて六義園で将軍綱吉の生母である桂昌院を迎えて盛大なおもてなしの宴が催されたのと同様、現在でも赤坂御苑や新宿御苑では天皇皇后両陛下や内閣総理大臣が主催する園遊会、桜を見る会などのおもてなしの宴が開催され、社交の空間となっている。

第2節　自然でもてなす（2）国立公園と観光客

(1) 自然の保護地

自然をおもてなしの装置（道具）として利用したもう1つの例として、「国

立公園」をみてみよう。国立公園は近代的な自然保護制度だが、森林などを手つかずのままで保存、あるいは自然資源の維持管理のために保護しようとする仕組みや習わしは、古くから世界中に存在してきた。それは、王侯貴族などの狩猟の場の確保や重要産品など交易産物の保護、さらには信仰対象や自然の聖地として、あるいは食料や燃料など生活の糧を確保する場などとして保護されてきたものだ。私は、これら保護のための仕組みや習わしを、支配者の側からのトップダウン的なアプローチと、民衆の側からのボトムアップ的なアプローチとに分類している（本節の詳細は、拙著『生物多様性と保護地域の国際関係　対立から共生へ』（明石書店）を参照されたい）。

　日本においても、たとえば、江戸時代には「御留山（御禁山）」や「御巣鷹山」など、幕府や領主（大名）のために有用樹木の伐採を禁じたり、鷹狩用の鷹繁殖地を保護するための山が各地に存在した。「木一本、首一つ」といわれる厳しい伐採制限を課して「木曾五木」（ヒノキ、サワラなど 5 種類の有用木材樹種）を保護した尾張藩の政策が有名だ。伊豆半島の天城山中でも、江戸時代には幕府林（明治時代以降は皇室御料林）として「天城七木」（マツ、スギ、ヒノキ、ケヤキ、サワラ、クスノキ、カシの 7 種の有用樹種；モミ、ツガを加えて九木制ということもある）が禁伐とされていた。

　また、古代から自然に畏敬の念をもち、そこに神の存在を信じる自然信仰（アニミズム）の対象は、磐座（いわくら）や巨樹のような単体だけではなく、山岳や森全体にも及んでいる。縄文時代には既に、蓼科山や浅間山などを意識した列石・立石が作られ、甲斐駒ケ岳、日光男体山などの山頂付近から土器などが発見されるなど、生活の資を与えてくれる森や山への信仰が育まれていた。奈良県の大神（おおみわ）神社の例のように、そもそも神社の御神体は山そのものであり、社殿は後の世に建てられたという例も多い。富士山、立山、白山の日本三霊山をはじめ、信仰対象の山岳は各地に存在する。さらに、屋根葺材料や家畜飼料を採取した萱場・草刈場、あるいは薪炭やキノコなど林産物、肥料用落葉など調達のための森林などが、部落など共同体で総有した入会地、すなわち共有地（コモンズ）として維持管理されてきた。

(2) 国立公園の誕生

　自然保護のための近代的な保護地域制度の 1 つは、18 世紀の米国で誕生した「国立公園」である。後に「キャンプファイア伝説」として有名な逸話によ

り、1872年に世界で最初の国立公園、イエローストーン国立公園が誕生したといわれる。西部開拓で土地所有が細分化して"民有地"となっていく時代に、国立公園は"公有地"として確保されることになった。しかし、先住民（ネイティブ・アメリカン＝インディアン）の伝統や生活は無視され、彼らは国立公園地域から追放された。この国立公園管理方式の原型は「イエローストーン・モデル」と称され、その時代背景、自然へのまなざし、土地所有に対しての考え方などは、その後の世界各地、特に植民地の国立公園・保護地域制度に大きな影響をおよぼし、国立公園の特性や形態を特徴づけることとなった。

　日本では、明治維新以降、さまざまな分野で欧米の法制度に倣った「近代化」が推進された。現在の都市公園や鳥獣保護の礎となる制度も、その例外ではなかった。一方で、「国設大公園設置ニ関スル建議案」（富士山中心）が第27回帝国議会で採択（1911（明治44）年）され、「日光ヲ帝国公園トナスノ請願」が第28回帝国議会で採択（1912（明治45）年）されているにもかかわらず、「国立公園」が制度化されるのは1931（昭和6）年の「国立公園法」制定まで待たなければならなかった。

　第一次世界大戦終結後、戦場とならなかった米国では経済が好況だった。しかしこれも長続きはせず、世界的な経済の低迷が忍び寄ってきた。そして、1929（昭和4）年にはニューヨークのウォール街で株価大暴落が起き、世界恐慌となった。日本では、この1920年代後半から30年代にかけての経済不況を乗り切るための外貨獲得手段として、外国人観光客の誘致が図られた。1927（昭和2）年の経済審議会の国際観光地開発答申をはじめ、国立公園協会設立（1927（昭和2）年）、国立公園調査会設置（1930（昭和5）年閣議決定）、鉄道省に国際観光局設置（1930（昭和5）年）と相次いで関連施策が講じられている。

　この政策の一環として、「国立公園法」が1931（昭和6）年に制定され、上記の国立公園調査会の国立公園候補地から順次国立公園が指定されることとなった。もちろん、国立公園の誕生は、決して外貨獲得の観光政策だけに起因するものではなく、米国を範としながらも土地所有にこだわらない日本型の公園指定制度（いわゆる地域制）の考案などにより、長年の懸案が解決したことも大きく、さらには明治時代の志賀重昂『日本風景論』（1894年初版）にも連なるナショナリズムあるいは郷土意識があったことも無視できないことを付言しておく必要があろう。

(3) 訪日外国人観光客と国立公園

　最初の国立公園指定地は、1934（昭和 9）年 3 月指定の瀬戸内海国立公園、雲仙国立公園、霧島国立公園の 3 公園で、続いて同年 12 月に阿寒国立公園、大雪山国立公園、中部山岳国立公園、日光国立公園、阿蘇国立公園の 5 公園が指定されている（名称は、いずれも指定当時）。これらの国立公園は、当時の「選定方針」によれば「世界の観光客を誘致できる魅力を有する」「日本を代表する自然の大風景地」として選定されたものだ。すなわち、外国人観光客を誘致するための「国立公園というブランド」を付したものともいえる。

　実際、瀬戸内海国立公園は絵葉書のような多島海景観が特徴だ。江戸時代からの貿易港長崎に近い雲仙国立公園雲仙温泉は外国人の保養場として有名で、日本で最初のパブリックコース雲仙ゴルフ場もある。近代アルピニズム発祥の地であり、明治時代にウォルター・ウェストンらによってヨーロッパに「日本アルプス」と紹介された中部山岳国立公園では、国立公園指定の前年 1933 年に、日本初の本格的な山岳リゾートホテルとして上高地帝国ホテルがオープンしている。日光国立公園にも、明治時代に開業した日本で最古の西洋式リゾートホテルの 1 つ、日光金谷ホテルがあり、また中禅寺湖畔には外国大使館の別荘が建ち並び、夏になると大使館が日光に移動するとまで言われたほどだ。

　つまり、国立公園は「自然保護」の場ではあるものの、今日一般的に理解されているような自然保護（あるいは生物多様性保全）のためというよりも、観光地として必要な景色（景観）を保護するための自然保護、つまり「景観保護」という色彩が強かったといえよう。

　2020 年東京オリンピック・パラリンピックを前にして政府が発表した「明日の日本を支える観光ビジョン」（2016 年 3 月）は、経済対策の外貨獲得のために外国人観光客数（インバウンド）を 2015 年実績のおよそ 2,000 万人から 2020 年には 4,000 万人とする目標だ。そのために、国立公園での外国人利用者数を 2020 年までに 1,000 万人とする「国立公園満喫プロジェクト」が動き出した。85 年前の施策と瓜二つともいえるのではないだろうか。ちなみに、現在の国土交通省「観光庁」は、当時の鉄道省に設置された「国際観光局」がその起源でもある。85 年前の大恐慌は「国立公園の誕生」を生み出したが、今回の「観光ビジョン」とそれに続く「国立公園満喫プロジェクト」では、何が誕生するのだろうか。

第3節　自然からのおもてなし

(1) 自然の恩恵と乖離

　自然は、私たちに食べものなど生きていくうえで欠かすことのできない多様な恩恵を与えてくれる。国連「ミレニアム・エコシステム・アセスメント」(2001〜2005年) や「生態系と生物多様性の経済学 (TEEB)」(2010年) では、生物多様性、すなわち森林などの自然が人間に与える効用を「生態系サービス」として、①食料、燃料などの「供給サービス」、②気候調整、水浄化などの「調整サービス」、③精神性や芸術、教育、レクリエーションなどの「文化的サービス」、④土壌形成などの「基盤サービス」の4種に分類している。

　これまでみてきたような、訪日外国人観光客を含む客人に対して、庭園あるいは国立公園で自然を"おもてなしの道具"や"おもてなしの場"（以下、これらを総称して「おもてなしの装置」）として使用した例も、実は自然が私たちに与えてくれる恩恵の一部といえる。また、私たち人間は、自然の中で癒されることを多くの人が体験している。私たちが自然から受ける癒しなどは、上記の文化的サービスに含まれ、やはり自然からの恩恵の一部である。

　前述のとおり、江戸時代には世界的な大都市といわれた江戸の町でさえ、社寺や武家屋敷などに緑が多くみられた。この傾向は、第2次世界大戦前まで比較的保たれてきた。しかし、戦時の空襲などによる緑地の喪失と戦後の復興時の住宅需要からの奥地林の拡大造林は、日本の自然の姿を大きく変容させた。特に、高度経済成長に伴う住宅地の拡大造成、人々の生活様式の変化と、マイカーブームなど経済的な余裕によるレジャー・観光需要は、身近な自然と山岳地などの自然を大きく改変することとなった。ガーデニングなどのように自然物を対象とし、あるいは自然の中で過ごすといった余暇・レクリエーション（以下、「自然余暇」）の発生は、こうした自然の変容・喪失の過程、すなわち人々の生活が自然と乖離してきたことと相関がありそうである。

(2) 自然への回帰

　人類はその誕生以来、約99.8%の長い年月を自然環境下で生活してきた。したがって、大都市住民が自然を求める行動・傾向は、近代化の進展に伴う自然の消滅および生活パターーンの変化とその結果の自然からの乖離・疎外による生

活を送る現代人が、自然への回帰を求めた余暇行動と解釈できる。イギリスに
おいてレジャーが誕生したのも産業革命以降の労働と日常生活が自然と乖離し
てきてからであり、ヨーロッパにおける余暇（レジャー）の本格的な到来は、
1950 年代の有給休暇の普及とその結果の気分転換を求める旅行など自由な活
動の大衆化ともいわれている。日本でも特に近年では、"癒し"を意識した自
然余暇が求められている。実際、森林環境下では、腫瘍やウィルス感染症に対
して有効なナチュラル・キラー細胞（NK 細胞）が活性化し、免疫機能が向上
することが明らかになっている。

（3）自然の中で

　自然の喪失、自然からの疎外に伴い、自然余暇への要求は高まってきた。ま
た最近では、ワークライフバランスや働き方改革への関心が高まっている。各
種の調査などによると、自由時間は年々増加しており、増加した自由時間には
「旅行」をしたいとの回答が最も多い。それにもかかわらず、実際には宿泊旅
行ができないのは、休暇が取れないなど時間的余裕がないからという。

　国立公園箱根の芦ノ湖キャンプ村（神奈川県箱根町）で私が実施したアンケ
ート調査（2009 年実施）の結果では、箱根訪問目的（複数回答）は、「自然の
中で休息するため」（68.1%）が最も多かった。ところが、自然の中での「長時
間滞留」は、「できればやってみたいが、なかなかできない」（42.1%）のが実情だ。
その主な理由（複数回答）は、「旅行日程上余裕がない」（50.6%）、「出かける
時間的な余裕がない」（31.6%）などだった。実際、リゾート地などの海岸で、
欧米人は長時間のんびりと過ごすのに対して、じっとしていることが苦手な日
本人の姿は、多くの研究者や旅行者によって観察されている。箱根のキャンプ
村でも、欧米人家族の多くは、遅い時間の朝食後、子どもたちは湖岸や樹林内
で水遊びや虫取りなどに戯れ、夫婦はケビンのベランダでゆったりと周囲の自
然を眺めてコーヒーを飲みながら、会話あるいは読書で 1 日を終えて、再びケ
ビンで夕食をとる。これに対して、日本人家族は 1 泊のみで、朝食も早々に次
の目的地に出発してしまうという光景が観察される。

　一方で、必ずしも長期の休暇日数や宿泊を伴うことなく、日常的な生活の中
にエコロジーを取り入れる行動様式が、地球温暖化など環境問題への対応も伴
って盛んになってきた。ガーデニング、家庭菜園、屋上緑化など日常生活への
緑・自然の導入と、自動車自粛や自転車利用などを含めたスローフードやロハ

スと称されるような自然志向のライフスタイルは、この例といえよう。

　他方、前述の箱根のキャンプ村での調査結果では、"自然余暇"を目的とするというよりも、"キャンプ生活"そのものを目的とする傾向も強いことが示されている。国立公園でのキャンプは、もともとは登山などの際の基地、あるいは自然の中での生活を通じて自然とふれあうものとして発達してきた。しかし近年では、自然とのふれあい目的あるいはその意識は薄弱となり、日常の家庭生活と遜色ないまでの電化製品を満載したオートキャンプなど、キャンプ生活そのものを楽しみ、それを通じて家族との親睦をはかることを目的とするようなキャンプが増加してきた。さらに最近では、テント設営や食事の準備などの煩わしさからも解放されたキャンプ形態、ヨーロッパ発祥といわれる「グランピング」も流行している。

第4節　自然に対するおもてなし

(1) 自然へのまなざし

　私たちは、「庭園」や「国立公園」という形で、"おもてなしの装置"として自然を利用し（第1節、第2節）、また、自然から"癒し"という恩恵も受けている（第3節）。しかし、これらはいずれも人間主体の、一方的な自然と人間との関係である。この先には、自然の喪失によって生み出された自然余暇の増大が、再び自然の喪失を導くという負のスパイラルも懸念される。そもそも、日本における国立公園の誕生は、1930年代の世界不況下の外貨獲得のための観光政策という、極めて産業経済政策の色濃いものであった。観光による自然環境などの影響を減少しようとするエコツーリズムでさえも、現在では自然保護よりはむしろラベル・ブランド化した観光商品の1つとなっている。

　また、スローライフやガーデニング、家庭菜園といった日常生活の緑といった"プチ自然"などは、まさに擬似的、人工的な環境であり、ファッション化した"文化活動＝高尚な趣味"、あるいは最新のファッショントレンドとしてもとらえられる。これらのようなエコロジー行動としての自然余暇に潜む偽善性、危険性も認識しなければならない。

　古代の人々は、自然の中に神を見出し、あるいは自然そのものを神として崇めた。前述のとおり、自然石の庭園（第1節）には、磐座への信仰の名残を認め得る。また、神や先祖の魂の宿る地、治療効果のある水源や薬草の自生地、

霊魂との接触の場などと結びついた高山や火山、河川・湖沼、森林などの「自然の聖地」は、現代の国立公園（第2節）にも引き継がれている。

　沖縄地方には、はるか海の彼方にある神の世界（神界）「ニライカナイ」から年ごとに神がやって来て、人々に豊穣をもたらすとする信仰があり、神を迎える海神祭や豊年祭が行われている。同様に、異郷からの来訪神を迎え入れ、もてなす風習は、世界各地でも伝承されている。

　その他の日本各地にも、彼方からやってくる神を迎え入れる儀式や祭事が多く継承されている。人々は、これらの神の化身や使いとされる仮面や仮装の異形の姿をした者（来訪神）あるいは外部からの来訪者（客人＝まれびと）に食事や酒をふるまい、ときには宿や性まで提供して、接待し、もてなしてきた。これらの来訪神とその神事のうち、ナマハゲ（秋田県男鹿）やパーントゥ（沖縄県宮古島）などは、ユネスコ無形文化遺産に登録されることが確実視されている。

(2) 自然との共生

　欧米においては、キリスト教的思想の影響を強く受けた結果、自然とは人間が支配する単なる資源であるととらえる考え方が長く続いてきた。それに対して近年では、人間は自然の“支配者”であるというよりも、自然的共同体の“一員”であり、人類が生存していくことは統合性を保ち生態系の健全性を維持していくことにかかっている、すなわち、人間の利益と生態系の利益は同一であると考えられるようになってきた。さらに、人類以外の生物種にも、人類の生存や要求から独立する対等な立場として、それぞれ独自に繁栄する価値と権利を有するとする考え方が生まれてきた。こうした変化は環境倫理などでは、「人間中心主義」から「生命中心主義」への移行ともいわれている。もっとも、日本では古来のアニミズムや仏教思想の影響などもあり、「山川草木悉皆成仏」や「一寸の虫にも五分の魂」などの言葉にも象徴されるように、すべからく生きものは対等であるとする生命中心主義的な考え方も強かったようである。

　私は、「おもてなし」とは、相手（人間、自然などを問わず）を尊重し、相手に対する心配り、思いやりをすることだと考える。その考えからすれば、人間が自然からおもてなしを受けるだけではなく、自然に対してもてなすことも必要だろう。生態学の概念に「共生（symbiosis）」というのがある。これには、2種以上の生物種がお互いに利益を受けながら、いわば助け合いの中で生活し

ている関係を示す"相利共生"と、片方だけが利益を受ける"片利共生"とがある。これまでの"おもてなし"からみた自然と人間との関係は、人間が一方的に自然を利用し、あるいは恩恵を受ける片利共生ではなかっただろうか。

(3) 自然を保全する

　自然と人間との関係を考えるとき、これまでの片利共生から相利共生とするための「自然に対するおもてなし」とは何か。それは、「自然を保全する」ことにほかならないと考える。北海道では、国、自治体など官民挙げて、アイヌ民族の挨拶の言葉「イランカラプテ」（「あなたの心にそっとふれさせていただきます」の意）をおもてなしのキーワードとして普及させるキャンペーンを展開している。そのアイヌ民族は、自然に生かされているお返しとして、自然を守るという積極的な姿勢の生活文化を生み出してきた。また、"自然は先祖からの遺産ではなく、子孫からの預かりもの"という北米先住民族の格言もある。これは、自然資源を現世で消費しきるのではなく、次世代にまで引き継ごうという、まさに現代でいう「持続可能な開発」の概念を示している。

　これらの伝統的な自然観を有する文化は、アイヌ民族や北米先住民族のみならず、キリスト教布教以前のヨーロッパを含めた世界の人類文化にも広く存在した。これこそが、相利共生を示すものであろう。自然は寛大で、私たち人間が一方的に自然からのおもてなしを享受することを受け入れてくれてきた。しかし、それに甘えて自然の存在そのものを危うくするようなときには、自然も私たちの甘さをとがめ、手厳しくなることがあるかもしれない。

まとめ

　私たち人間は、自然を利用し、自然から様々な恩恵を受けてきた。科学技術の発達した今日でも、人間は自然の存在なしには生存できない。古代から世界各地では、自然と人間とが対等な関係、あるいは人間も自然の一部である生活風土が形成されていた。今日の私たちも、人間が一方的に自然からもてなしを受けるだけではなく、自然に対しておもてなしで応えることが必要だろう。それは、とりもなおさず「自然の保全」であり、それによって真の自然との共生が成り立つのである。

参考文献

◆第 1 章

新井直之（2016）『執事が教える 至高のおもてなし　心をつかむ「サーヴィス」の極意』きずな出版.

榎本博明（2017）『「おもてなし」という残酷社会』平凡社.

花田景子（2015）『女将が聞いたプロフェッショナル 12 名のホスピタリティ　日本人の心 おもてなし』世界文化社.

原田実（2014）『江戸しぐさの正体　教育をむしばむ偽りの伝統』星海社.

一条真也（2015）『決定版 おもてなし入門』実業之日本社.

稲田賢次（2015）「ホスピタリティに関する概念の一考察：ホスピタリティ、サービス、おもてなしについて」『龍谷大学経営学論集』第 55 巻第 1 号，pp.44-57.

乾弘幸・松笠裕之（2015）「欧米とアジアにおけるホスピタリティ提供の差異に関する研究」『産業経営研究所報』第 47 号，pp.1-13.

金城奈々恵（2014）「おもてなし日本：ガラパゴス化からの脱却に向けて」『EY Institute』vol.23, pp.1-7.

金城奈々恵（2015）「おもてなし 2.0 指標における新しい時代へ向けた企業経営」『EY 総研インサイト』vol.4. August, pp.2-24.

川口希史子（2015）『古事記とおもてなし―和の精神を学ぶ―』学研マーケティング.

児玉桜代里（2016）「ホスピタリティ・ビジネスにおける感情労働者のリスク」『明星大学経営学研究紀要』第 11 号，pp.25-45.

公益財団法人日本生産性本部（2012）『平成 23 年度我が国情報経済社会における基盤整備（サービス産業の更なる発展に向けた、「おもてなし産業化」の推進に係る調査研究事業）【報告書】』，日本生産性本部.

茂木健一郎（2014）『加賀屋さんに教わった おもてなし脳』PHP 研究所.

長尾有記・梅室博行（2012）「おもてなしを構成する要因の体系化と評価ツールの開発」『日本経営工学会論文誌』vol.63, No.3, pp.126-137.

王文娟（2014）「「ホスピタリティ」概念の受容と変容」『広島大学マネジメント研究』15 号，pp.47-63.

小沢道紀（2016）「ホスピタリティ再考」『立命館経営学』第 54 巻第 4 号，pp.177-194.

四宮由紀子（2005）「日本ホテル企業の国際経営に関する実態調査―質問票による国際経営に関する意識調査―」『商経学叢』第 51 巻第 3 号，近畿大学，pp.169-192.

白井志津子（2016）「介護職におけるホスピタリティの重要性に関する検討」『広島大学マネジメント研究』第 17 号，pp.13-21.

白土健・岸田弘（2016）『エクセレント・サービス＋―おもてなし社会の実現を目指して』創成社.

舘野和子・松本亮三（2013）「観光産業におけるホスピタリティーの現状と課題」『東海大

学紀要. 観光学部』第 4 号, pp.1-17.

寺阪今日子・稲葉祐之（2014）「「ホスピタリティ」と「おもてなし」サービスの比較分析
　　—「おもてなし」の特徴とマネジメント—『社会科学ジャーナル』78 号，国際基督
　　教大学社会科学研究所，pp85-120.

徳江順一郎（2018）『ホスピタリティ・マネジメント 第 2 版』同文舘出版.

富田昭次（2017）『「おもてなし」の日本文化誌　ホテル・旅館の歴史に学ぶ』青弓社.

山岸俊男（1998）『信頼の構造：こころと社会の進化ゲーム』東京大学出版会.

山上徹（2015）『食ビジネスのおもてなし学』学文社.

リクルートワークス編集部編（2007）『おもてなしの源流 日本の伝統にサービスの本質を
　　探る』英治出版.

和辻哲郎（1934，2007）『人間の学としての倫理学』岩波書店.

◆第 2 章

アニータ ブラウン・デイビッド アイザックス著，香取一昭・川口大輔訳（2007）『ワール
　　ド・カフェ』ヒューマン・バリュー出版.

柄谷行人（2006）『世界共和国へ』岩波新書.

Mauss, M. (1925) Essais sur le don.（吉田禎吾・江川純一訳（2009）『贈与論』ちくま学芸文庫）.

田中元子（2017）『マイパブリックとグランドモデル』晶文社.

渡辺京二（2005）『逝きし世の面影』平凡社.

◆第 3 章

茶の湯文化学会編（2013）『日本茶の湯全史　第 1 巻中世』思文閣出版.

榎原雅治（2016）『室町幕府と地方の社会』岩波新書.

芸能史研究会編（1985）『日本芸能史 2・3・4』法政大学出版局.

林屋辰三郎校注（1995）『古代中世芸術論—芸の思想・道の思想—』岩波書店.

兵頭裕己校注（2016）『太平記　五』岩波文庫.

家永三郎他編（1982）『中世政治社会思想—日本思想体系 21—』岩波書店.

伊地知鐵男（1995）『連歌の世界（日本歴史叢書）新装版』吉川弘文館.

井伊直弼著・戸田勝久校注（2016）『茶湯一会集・閑夜茶話』岩波書店.

折口信夫（2003）『古代研究Ⅲ—国文学の発生—』中央公論新社.

井本慶一他校注（1961）『日本古典文学大系—連歌論集俳論集—』岩波書店.

ジョアン ロドリーゲス（1967）『日本教会史』岩波書店.

熊倉功夫他（1994）『史料による茶の湯の歴史（上）』主婦の友社.

熊倉功夫（2014）『文化としてのマナー』岩波書店.

熊倉功夫校注（2006）『山上宗二記』岩波文庫.

京都国立近代美術館ほか編（2016）「茶碗の中の宇宙　楽家一子相伝の芸術」.

松岡心平（2015）『中世芸能講義』講談社学術文庫.

村井康彦（1991）『武家文化と同朋衆』三一書房.

奥田勲他校注・訳（2001）『連歌論集能楽論集俳論集』小学館.

188

池上英子（2005）『美と礼節の絆』NTT 出版.

島内裕子校訂・訳（2010）『徒然草　兼好』筑摩書房.

東京国立博物館・NHK・毎日新聞社編（2017）「特別展　茶の湯」.

山崎正和（2003）『社交する人間』中央公論新社.

◆第 4 章

細川景一（1987）『白馬蘆花に入る』禅文化研究所.

鎌田茂雄（1979）『禅とは何か』講談社.

枡野俊明（2015）『禅的　おもてなし生活のすすめ』こう書房.

中村元（2018）『〈仏典をよむ 4〉大乗の教え（下）』岩波書店.

中村元・福永光司・田村芳郎・今野達編（1989）『岩波仏教辞典』岩波書店.

夏目漱石（2016）『門』（改版 61 版）角川書店.

三枝充悳（2016）『大乗とは何か』筑摩書房.

佐々木閑（2017）『集中講義　大乗仏教』NHK 出版.

鈴木大拙・北川桃雄訳（2005）『対訳　禅と日本文化』講談社.

高崎直道（1983）『仏教入門』東京大学出版会.

瓜生中（1994）『仏教入門』創元社.

◆第 5 章

Don Cohen, Laurence Prusak（2003）『人と人の「つながり」に投資する企業—ソーシャル・キャピタルが信頼を育む—』ダイヤモンド社.

Prahalad & Ramaswamy（2013）『コ・イノベーション経営』東洋経済.

青木幸弘（2004）「地域のブランド化を推進し地域の活性化を図る」『かんぽ資金』314, pp.20-25.

井関利明（1996）「関係性マーケティング⑥」日本経済新聞 11 月 22 日付.

Adrian Payne, *Advances in Relationship Marketing*, Kogan Page, 1995.

佐々木茂（2003）『流通システムの新視点』ぎょうせい.

柏木千春（2014）「スイス・サースフェー村の環境保全・共存型観光」藤野公孝・高橋一夫編『CSV 観光ビジネス』学芸出版社, pp.38-41.

椙山泰生・高尾義明（2011）「エコシステムの境界とそのダイナミズム」『組織科学』45（1）, pp.4-16.

佐々木茂（2003）『流通システム論の課題』ぎょうせい.

佐々木茂・石川和男・石原慎士編著（2016）『地域マーケティングの核心』同文館.

佐々木茂（2006）「事業創造の新たな視点」高崎経済大学附属産業研究所編『事業創造論の構築』日本経済評論社, pp.7-32.

佐々木茂（2017）「地域文化によるグローバル・マーケティング戦略試論—地域文化の翻訳—」高崎経済大学地域科学研究所編『産業研究』52（2）, pp.63-77.

久松真一（1976）『禅と美術』思文閣.

◆第 6 章

Barney, J.B. (2002) *Gaining and Sustaining Competitive Advantage* (2nd Ed.), Pearson Education, Inc. (岡田正大訳 (2003)『企業戦略論競争優位の構築と持続（上）』ダイヤモンド社).

佐々木一彰 (2011)「永続企業のホスピタリティ観点からの検討」『第 3 回観光余暇・関係諸学会共同大会学術論文集』観光余暇・関係諸学会, pp.53-60.

Berne, Eric (1964) *Games People Play*, Grove Press. (南博訳 (1967)『人生ゲーム入門』河出書房新社).

後藤俊夫 (2017)『長寿企業のリスクマネジメント―生き残るための DNA―』第一法規.

飯嶋寛一・関岡保二・新川本・佐々木一彰 (2012)「長寿企業存続の条件の検討」『第 22 回経営行動研究学会全国大会および第 12 回日本・モンゴル国際シンポジウム報告要旨』山梨学院大学.

Barney, J.B. (2002). *Gaining and Sustaining Competitive Advantage* (2nd Ed.), Pearson Education Inc. (岡田正大訳 (2003)『企業戦略論 - 競争優位の構築と持続（上）』ダイヤモンド社, p.250, 表 5-1. を修正).

佐々木一彰 (2011)『ゲーミング産業の成長と社会的正当性―カジノ企業を中心に―』税務経理協会.

末永國紀 (2004)『近江商人学入門―CSR の源流「三方よし」―』サンライズ出版.

帝国データバンク資料館・産業調査部編 (2009)『百年続く企業の条件』朝日新書.

TheHenokiens（http://www.henokiens.com/content.php?id=4&lg=en:2018 年 10 月 28 日アクセス).

佐々木一彰 (2013)「日本における永続企業の特質―ホスピタリティ企業を中心に―」『第 4 回観光余暇・関係諸学会共同大会学術論文集』観光余暇・関係諸学会, pp.41-48.

◆第 7 章

長谷川惠一・吉岡勉・徳江純一郎 (2014)『数字でとらえるホスピタリティ 会計＆ファイナンス』産業能率大学出版部.

広瀬義州 (2015)『財務会計（第 13 版）』中央経済社.

吉岡勉 (2018)「宿泊・飲食サービスにおける生産性の問題に関する一考察―先行研究レビューによる一考察」『余暇ツーリズム学会誌』5, pp.85-90.

◆第 8 章

阿部生雄 (2009)『近代スポーツマンシップの誕生と成長』筑波大学出版会.

海老塚修 (2017)『マーケティング視点のスポーツ戦略』創文企画

猪谷千春 (2013)『IOC ―オリンピックを動かす巨大組織―』新潮社.

J. マルゴス クラール (2015)『サービス・デザイン入門』ビー・エヌ・エヌ新社.

ジョン プルーイット (2007)『ペルソナ戦略』ダイヤモンド社.

木田悟・高橋義雄・藤口光紀 (2013)『スポーツで地域を拓く』東京大学出版会.

コトラー ケラー (2008)『マーケティング・マネジメント』桐原書店.

間宮聰夫 (1995)『スポーツビジネスの戦略と知恵』ベースボールマガジン社.

Michael Payne (2005) Olympic Turnaround, London Business Press.

日本経済新聞編（2005）『球界再編は終わらない』日本経済新聞社.

清水公一（2016）『共生マーケティング戦略論』創成社.

杉山茂（2003）『テレビスポーツ 50 年』角川インタラクティブメディア.

武田薫（2014）『マラソンと日本人』朝日新聞出版.

『レジャー白書』日本生産性本部.

『スポーツ白書』笹川スポーツ財団.

『スポーツライフ・データ』笹川スポーツ財団.

『青少年のスポーツライフ・データ』笹川スポーツ財団.

『テレビスポーツデータ年鑑』ニホンモニター.

『放送研究と調査』NHK 放送文化研究所.

『ランナーズ』アールビーズ.

『アド・スタディーズ』吉田秀雄記念事業財団.

『Sport Management Review』アンサングヒーロー／データスタジアム.

◆第 9 章

Coyne,J.C. (1976a) Toward interpersonal description of depression, *Psychiatry*, 39：28-40.

Coyne,J.C. (1976b) Depression and the response of others. *Journal of Abnormal PsyChology*, 85：186-193.

Ekman P., & Friesen W. V. (1975) *UNMASKING THE FACE*. PRENTICE-HALL, INC.（工藤力, Matsumoto, D., 下村陽一, 市村英次訳（1987）『表情分析入門』誠信書房）.

Ekman, P., Friesen, W. V. (1978) F*acial action coding system: a technique for the measurement of facial movement*. Consulting Psychologists Press, Palo Alto, California.

Ekman P., Friesen W. V., & Hager, J. C. (2002) *Facial action coding system: a technique for the measurement of facial movement*. Consulting Psychologists Press, Palo Alto, CA.

榎本博明（2018）『はじめてふれる人間関係の心理学』サイエンス社.

Matsumoto, D・工藤力（1996）『日本人の感情世界』誠信書房.

Mehrabian, A. (1972) *Nonverbal communication*. Aldine-Atherton.

椎野睦（2018）「カウンセリングにおける表情に表れる感情理解の活用」『日本ブリーフセラピー協会学術会議第 10 回大会抄録集』39.

◆第 10 章

番野洋輔・辻 真樹・Wang Ji・Kim Cheonghwa・野口詩織・徳力創一朗（2017）「おもてなし再考―外国人から見た日本的接客サービス―」『大阪大学経済学』67（1）, pp.32-33.

EY 総合研究所（2015）「特集　おもてなし 2.0 指標における新しい時代へ向けた企業経営」『EY 総研インサイト』Vol.46-7.

石山由美香・烏田智子（2018）「おもてなしの心を学ぶ接遇教育（特集 気づいて動く接遇を学ぶ）」『企業と人材』51（1060）, pp.8-13.

近藤隆雄（2010）『サービス・マーケティング―サービス商品の開発と顧客価値の創造―』
　　生産性出版.

公益社団法人日本生産性本部（2012）『平成23年度我が国情報経済社会における基盤整備
　　（サービス産業の更なる発展に向けた「おもてなし産業化」の推進に係る調査研究事業）
　　報告書』公益社団法人日本生産性本部.

松本彩（2015）「日本の伝統精神とおもてなし」『松下政経塾塾生レポート』（https://www.
　　mskj.or.jp/report/3343.html，2018年10月28日最終閲覧）.

長尾有記・梅室博行（2012）「おもてなしを構成する要因の体系化と評価ツールの開発」,『日
　　本経営工学会論文誌』63（3），pp.126-137.

日経ビジネス（2018）『「おもてなし」のウソ』日経ビジネス，1月22日.

内田由紀子・北山忍（2001）「思いやり尺度の作成と妥当性の検討」『心理学研究』72(4)，
　　pp.275-282.

◆第11章

藤田結子・北村文編（2013）『現代エスノグラフィー―新しいフィールドワークの理論と
　　実践―』新曜社，p.19.

一般社団法人コンサートプロモーターズ協会（2018『国内アーティスト会場規模別公演数』
　　一般社団法人コンサートプロモーターズ協会（http://www.acpc.or.jp/，2018年9月15
　　日閲覧）.

一般財団法人日本レコード協会（2018）『音楽ソフト生産数量の推移』一般財団法人日本
　　レコード協会（http://www.riaj.or.jp/，2018年9月15日閲覧）.

川添裕（2008）『江戸の大衆芸能―歌舞伎・見世物・落語―』青幻舎，p.20.

水野悠子（1998）『知られざる芸能史　娘義太夫―スキャンダルと文化のあいだ―』中公
　　新書，pp.2-6,33,213-214.

中村啓信訳注（2009）『新版古事記現代語訳付き』角川学芸出版，p.272.

田上衛（2014）「ライブ会場内の関係性から考察するアイドルマーケティングについて」『余
　　暇ツーリズム学会誌』(2)，pp.81-86.

◆第12章

藤田紀昭（2016）『パラリンピックの楽しみ方』小学館.

Getz D. & J. P. Stephen (2016) Event Studies, 3rd.ed. Routledge.

イベント学会編（2008）『イベント学のすすめ』ぎょうせい.

NPO法人観光力推進ネットワーク編（2016）『地域創造のための観光マネジメント講座』
　　学芸出版社.

小路田泰直ほか編（2018）『ニッポンのオリンピック』青弓社.

町村敬志（2007）「メガイベントと都市空間」『スポーツ社会学研究』15，pp.3-16.

小澤考人（2017）「オリンピックというイベントと観光・ツーリズムの可能性」，岸真清ほ
　　か著『基本観光学』東海大学出版部，pp.151-182.

Robinson Mike & Ploner Josef ed (2016) Tourism at the Olympic Games, Routledge.

杉山茂ほか編（2016）『オリンピックは社会に何を遺せるのか』創文企画.

吉見俊哉（2010）『博覧会の政治学』講談社.

◆第13章

橋本俊哉・山口有次ほか（2013）『観光学全集　観光行動論』原書房，pp.203-223.

岡本伸之・山口有次ほか（2013）『観光経営学』朝倉書店，pp.133-142.

山口有次（2008）『観光・レジャー施設の集客戦略―利用者行動からみた人を呼ぶ魅力的な空間づくり―』日本地域社会研究所.

山口有次（2015）『新ディズニーランドの空間科学―夢と魔法の王国のつくり方―』学文社.

渡辺仁史・山口有次ほか（2009）『行動をデザインする』彰国社，pp.92-99.

渡辺仁史・山口有次ほか（2011）『スマートライフ』星雲社，pp.20-23.

◆第14章

穐山貞登（2000）『参加社会の心理学』川島書店.

Bauman, Z. (2000) Liquid Modenity, Polity Press Ltd.（森田典正訳（2001）『リキッド・モダニティ』大月書店）.

Bauman, Z. (2005) Liquid Life, Polity Press Ltd.（長谷川啓介訳（2008）『リキッド・ライフ』大月書店）.

Berleant, A., Ideas for a Social Aesthetic, in Light, A. and Smith, J. M. (ed.) (2005) The Aesthetics of Everyday Life, Columbia University Press.

Boorstin, D. J. (1962) The Image.（星野郁美・後藤和彦訳（1964）『幻影の時代』東京創元社）.

Cohen, E. (1979) A Phenomenology of Tourist Experiences, Sociology, 13(2), pp.179-201.

Davis, F. (1979) Yearning for Yesterday: A sociology of Nostalgia, The Free Press.（間馬寿一・荻野美穂・細辻恵子、高島国男訳（1990）『ノスタルジアの社会学』世界思想社）.

藤井淑禎（2000）「歌謡曲の中の『故郷』」成田ほか編『故郷の喪失と再生』青弓社.

藤村正之（2001）「現代社会における日常／非日常の構図」嶋根克己・藤村正之編『非日常が生み出す文化装置』北樹出版.

権赫麟（2014）「文化的真正性の構築における現代観光の機能に関する研究―ポピュラーカルチャーの観光対象化を中心に」『立教観光学研究紀要』第16号，pp.41-52.

樋口忠彦（1981 = 1993）『日本の景観―ふるさとの原型―』ちくま学芸文庫.

日高勝之（2014）『昭和ノスタルジアとは何か―気負うとラディカル・デモクラシーのメディア学―』世界思想社.

堀繁（2018）「少しの工夫で景観は変わる―人間をもてなす演出が地域の魅力を高めていく―」『北陸の視座』Vol.32.

堀内圭子（2007）「消費者のノスタルジア―研究の動向と今後の課題―」『成城文藝』第201号，pp.198-179.

井出幸亮（2014）「『ライフスタイル』がブームである」三谷龍二・新潮社編『「生活工芸」の時代』新潮社.

井上章一（2018）『日本の醜さについて―都市とエゴイズム―』幻冬舎新書.

木岡伸夫（2007）『風景の論理－沈黙から語りへ』世界思想社.

MacCannell, D. (1976) *The Tourist*, University of California Press.（安村克己ほか（2012）『ザ・ツーリスト―高度近代社会の構造分析』学文社）.

丸田一（2008）『「場所」論―ウェブのリアリズム、地域のロマンチシズム―』NTT 出版.

宮原浩二郎・藤阪新吾（2012）『社会美学への招待―感性による社会探求』ミネルヴァ書房.

三浦展（2004）『ファスト風土化する日本―郊外とその病理―』洋泉社.

成田龍一（2000）「都市空間と『故郷』」成田ほか『故郷の喪失と再生』青弓社.

日本建築学会編（2009）『生活景―身近な景観価値の発見とまちづくり―』学芸出版社.

Relph, E. (1976) *Place and Placelessness*, Pion.（高野岳彦・阿部隆・石山美也子訳（1999）『場所の現象学―没場所性を越えて』ちくま学芸文庫）.

清水真木（2017）『新・風景論－哲学的考察』筑摩書房.

津田夕梨子・十和田朗・津々見崇（2011）「雑誌『旅』にみる温泉地に対するイメージの変遷に関する研究」『都市計画論文集』Vol.46 No.3.

Urry, J. (1990) The Tourist Gaze: Leisure and Travel in Contemporary Societies, Sage Publications.（加太宏邦訳（1995）『観光のまなざし―現代社会におけるレジャーと旅行』法政大学出版局）.

Urry J. and Larsen, J. (2011) *The Tourist Gaze 3.0*, Sage Publications.（加太宏邦訳（2014）『観光のまなざし』増補改訂版，法政大学出版局）.

山上徹（2008）『ホスピタリティ精神の進化―おもてなし文化の創造に向けて―』法律文化社.

結城正美・黒田智（2017）『里山という物語―環境人文学の対話』勉誠出版.

◆第 15 章

赤川裕（1997）『英国ガーデン物語　庭園のエコロジー』研究出版.

西桂（2005）『日本の庭園文化　歴史と意匠をたずねて』学芸出版社.

岡倉覚三（1984）『茶の本』岩波書店.

ロベール・ドロール，フランソワ・ワルテール（2007）桃木暁子，門脇仁訳『環境の歴史　ヨーロッパ、原初から現代まで』みすず書房.

ロデリック・ナッシュ（1999）松野弘訳『自然の権利　環境倫理の文明史』筑摩書房.

進士五十八（2005）『日本の庭園　造形の技とこころ』中央公論新社.

白幡洋三郎（1994）『江戸の大名庭園　饗宴のための装置』INAX.

高橋進（2014）『生物多様性と保護地域の国際関係―対立から共生へ―』明石書店.

筒井紘一監修（2015）『茶の湯入門』洋泉社.

全国料理業生活衛生同業組合連合会和宴文化研究会（2007）『おもてなし学入門　和宴の文化と知識』ダイヤモンド社.

あとがき

　少し前までの日本においては、「おもてなし」という言葉は、接客の場面だけに、また特に旅館やホテルなどのサービス産業がその主体となるものだという風に限定的に使われてきたように思われる。ところが、2013 年の東京オリンピック誘致のプレゼンで「お・も・て・な・し」がキーワードとして提示されたのをきっかけに、職業的なプロに限らず誰もが一人の主として訪問者を客としてもてなすという原義が見直され、「おもてなし」は再び広い意味で使われるようになった。そしてその後も、2016 年 8 月に経済産業省によって創設された「おもてなし規格認証制度」がもてなしの対象を顧客だけでなく従業員や地域を含めていることに象徴されるように、もてなしの主体と客体の両方について、その対象が広がりつつあるのが現状であるといえよう。これにともない、もてなすことの目的や意味もまた多様化していると考えられる。

　本書はしかし、そうした拡散し曖昧化しつつある議論を整理して 1 つの方向に収斂させ、わかりやすくまとめようとするものではない。むしろ反対に、これまでの議論はまだ十分な発展をみせていないとの現状認識をもって、分析の視点を加え、議論のさらなる拡大を図ろうとするものである。なんとなれば、もてなしを巡る議論は、未だに（日本人らしい）まごころを以って接客すれば付加価値が生まれると言った類の精神論に留まることが多いとの問題意識をもっているからである。

　このような問題意識をもつとき、1 つの専門分野に特化した 1 人の研究者はこれには対応できない。それができるのは、余暇生活とツーリズムという広範なテーマのもとに様々な分野の専門家が集う、本学会のような学際的組織ではないかと思われる。

　今回、本学会を著者として出版した本書は、その特徴を最大限活かし、もてなしの精神面だけでなく、生産性や人材教育との関係といった経営学的観点、もてなしの主体・客体をヒトからモノや風景へと拡大する視点、あるいはもてなしの作用を一方向から双方向へと拡張する視点など、他ではみられないユニークな切り口から「おもてなし」にアプローチすることができていると自負している。

　こうした特徴をもって「おもてなし」を論じる本書自体が、本書を手にとってくださる読者の方々にとって、何かしらの意味でのもてなしとなっているこ

とを願う。ただし、それは客（読者）の意向・要望を先回りしてさっとそれを提供することで満足いただくような接客的なもてなしとは正反対であって、経営、接客・サービス、まちづくり、観光、教育などの実践において自身がもてなしのあり方について日々悩んでおられる読者を、おそらくもっと悩ますものであり、しかしながら、その悩みが最終的にはそれぞれの読者のもつ課題の解決により深い意味で貢献するだろうという意味での、まわりくどい「おもてなし」なのである。

そういうわけで、もやが全く晴れないという読後感をお持ちの読者の方々には、安心して悩み続けていただきたいと思う。

話は変わって、本学会のように、関係する研究者の専門分野が多岐にわたる総合的・学際的な学会は、その社会的提言の潜在力が大きくても、統一感のある研究の成果を世に問うことが難しく、外部からはなかなかその存在意義が見えにくいものとなるきらいがある。しかし今回、「おもてなし」という一塊のニガリをいれることで、余暇ツーリズム学会というどろっとした豆乳が、喉ごし爽やかな絹ごし豆腐とまではいかないものの、適度に食べ応えのある木綿豆腐になるということが分かった。

これに味をしめて、今後は余暇と観光に関する様々なテーマのにがりを本学会内部に投入して、味わいの異なる"木綿"豆腐を作り出し、世に提供したいと思う。豆乳であるところの本学会員の皆様には是非ニガリに対するおもしろい"凝固"をお願いするとともに、豆腐好きの読者の皆様には次回の新しい味わいを期待していただきたい。

本学会のような多分野複合的な学会の出発物は、出版に至るまでの過程において、単著に比べて大きな手間と時間がかかるものである。実際に、本書の構想から出版の実現までかなりの時間を要してしまった。その間、忍耐強くお付き合いいただいた株式会社創文企画の鴨門様に、最後にこの場を借りて厚くお礼申し上げたい。

余暇ツーリズム学会設立 5 周記念出版委員長

宮田安彦（大妻女子大学）

執筆者プロフィール（掲載順）

徳江　順一郎（とくえ　じゅんいちろう）
東洋大学国際観光学部准教授。
専門は、ホスピタリティ・マネジメント論、サービス・マーケティング論。
著作に、『ホスピタリティ・マネジメント』、『ホテル経営概論』（以上、同文舘出版）、『セレモニー・イベント学へのご招待―儀礼・儀式とまつり・イベントなど』（晃洋書房）『ホスピタリティ・デザイン論』、『ホテルと旅館の事業展開』（以上、創成社）など。

薗田　碩哉（そのだ　せきや）
日本余暇学会会長、余暇ツーリズム学会監事を経て、余暇ツーリズム学会名誉会員、法政大学大原社会問題研究所嘱託研究員。
専門は、余暇論・遊戯論。
著作に、『遊びの構造論』（不昧堂出版）、『遊びの文化論』、『遊びと仕事の人間学』、『余暇学への招待』（以上、遊戯社）、『余暇生活論』（共著、有斐閣）『余暇の論理』、『余暇という希望』（以上、叢文社）、『日本社会とレクリエーション運動』（実践女子学園）ほか。

辰巳　厚子（たつみ　あつこ）
桜美林大学・大妻女子大学非常勤講師。
専門は、レジャー・観光論、生涯学習論。
著作に、『余暇の新世紀』（共著、遊戯社）、『余暇学を学ぶ人のために』（共著、世界思想社）、『いきがい情報士テキスト』（共著、中央法規出版）、『オリンピックは社会に何を遺せるのか』（共著、創文企画）など。

山田　貴史（やまだ　たかし）
武蔵野大学仏教学専攻在籍中。現在、湘央生命科学技術学園非常勤講師、柔道整復師（整形外科勤務）。
専門は、スポーツ史、競輪史、余暇学。仏教が補完する医療の未来について研究中。
著作に、『スポーツ六法』（共著、信山社）。法名、釈勝智。

佐々木　茂（ささき　しげる）
東洋大学国際観光学部教授。
専門は、マーケティング。
著作に、『産業復興の経営学―大震災の経験を踏まえて―』、『新版地域マーケティングの

核心—地域ブランドの構築と支持される地域づくり』（以上、同友館）、『デフレーション
の経済と歴史』（共著、日本経済評論社）、『環境政策の新展開』（共著、勁草書房）。

佐々木　一彰（ささき　かずあき）
東洋大学国際観光学部准教授。
専門は、永続企業論、ゲーミング論。
著作に、Long-lived Hospitality Industry from a strategy perspective:A focus on Riyoutei(Japanese
Restaurants), International Journal of Japan Academic Society of Hospitality Management, Vol.2, (2)
1 - 10, 2014 年 09 月 20 日、「ゲーミング産業の社会的コストの検討」『余暇ツーリズム学会
誌』（5）、2018 年 05 月。

吉岡　勉（よしおか　つとむ）
東洋大学国際観光学部准教授。
専門は、サービス産業の管理会計（おもにサービス産業の生産性）。
著作に、「宿泊・飲食サービスにおける生産性の問題に関する一考察―先行研究レビュー
による一考察」『余暇ツーリズム学会誌』（5）、2018 年。

海老塚　修（えびづか　おさむ）
桜美林大学客員教授。
専門は、スポーツマーケティング。
著作に、『マーケティング視点のスポーツ戦略』（創文企画）、『スポーツマーケティングの
世紀』（電通）、『バリュースポーツ』（遊戯社）。

椎野　睦（しいの　まこと）
産業能率大学情報マネジメント学部准教授。また産業能率大学スポーツマネジメント研究
所研究員、株式会社 Sollation 顧問兼心理センター長、海上保安庁第三管区メンタルヘル
ス担当官を兼任。
専門は、臨床心理学であり、博士（心理学）、臨床心理士、公認心理師、精神保健福祉士、
FACS(Facial Action Coding System) coder を取得している。
著作に、「メンタルヘルスツーリズムの可能性」『余暇ツーリズム学会』（4）、2017 年。

飯嶋　好彦（いいじま　よしひこ）
東洋大学国際観光学部国際観光学科教授。
専門は、サービス経営，ホテル・マネジメント、人的資源管理論。
著作に、『サービス・マネジメント研究』（文眞堂）、『フル・サービス型ホテル企業におけ
る女性の人的資源管理』（学文社）、『経営学を楽しく学ぶ』（共著、中央経済社）など。

田上　衛（たがみ　まもる）
公務員。
専門は、アイドルマーケティング論。

小澤　考人（おざわた　かと）
東海大学観光学部准教授。
専門は、文化社会学・観光社会学。
著作に、『オリンピックが生み出す愛国心』（かもがわ出版）、『基本観光学』（共著、東海大学出版局）、『レジャー・スタディーズ』（共著、世界思想社）、『幻の東京オリンピックとその時代』（共著、青弓社）ほか。

山口　有次（やまぐち　ゆうじ）
桜美林大学ビジネスマネジメント学群教授。
専門は、レジャー産業、レジャー施設計画、集客ビジネス。長年『レジャー白書』執筆に携わる。
著作に、『観光・レジャー施設の集客戦略』（日本地域社会研究所）、『新ディズニーランドの空間科学』（学文社）、『行動をデザインする』（共著、彰国社）、『観光学全集　観光行動論』（共著、原書房）、『観光経営学』（共著、朝倉書店）など。

宮田　安彦（みやた　やすひこ）
大妻女子大学家政学部ライフデザイン学科教授。
専門は、生活経営学（生活文化論・余暇生活論等）・経営学（観光地経営論）。
著作に、『ライフデザイン学概論─真に豊かな生活をもとめて』（JETC）、『フューチャーワーク：21世紀の働き方』（大学出版）、『ソフトパワー日本復権への道』（共著、実業の日本社）、『オリンピックは何を社会に遺せるのか』（共著、創文企画）など。

高橋　進（たかはし　すすむ）
共栄大学教育学部特任教授。
専門は、環境政策論（特に生物多様性国際関係論、保護地域政策論など）。自然と人間との関係究明の一環として、自然の中での余暇・滞在に関連する研究なども実施。
著作に、『生物多様性と保護地域の国際関係─対立から共生へ』（明石書店）、『温暖化対策で熱帯林は救えるか─住民と森林保全の相利的な関係を目指して』（共著、文一総合出版）など。

「おもてなし」を考える
―余暇学と観光学による多面的検討―

2019 年 3 月 30 日　第 1 刷発行

編　者　　余暇ツーリズム学会

発行者　　鴨門　裕明

発行所　　㈲創文企画
　　　　　〒 101- 0061
　　　　　東京都千代田区神田三崎町 3 － 10 － 16　田島ビル2F
　　　　　TEL：03-6261-2855　FAX：03-6261-2856
　　　　　http://www.soubun-kikaku.co.jp

装　丁　　オセロ

印刷・製本　壮光舎印刷㈱